U0036219

希克

John Hick

林曦／著

編輯委員：李英明　孟樊　王寧
龍協濤　楊大春

出版緣起

　　二十世紀尤其是戰後，是西方思想界豐富多變的時期，標誌人類文明的進化發展，其對於我們應該具有相當程度的啓蒙作用；抓住當代西方思想的演變脈絡以及核心內容，應該是昂揚我們當代意識的重要工作。孟樊兄和浙江杭州大學楊大春副教授基於這樣的一種體認，決定企劃一套《當代大師系列》。

　　從八○年代以來，台灣知識界相當努力地引介「近代」和「現代」的思想家，對於知識份子和一般民眾起了相當程度的啓蒙作用。這套《當代大師系列》的企劃以及落實出版，承繼了先前知識界的努力基礎，希望

能藉這一系列的入門性介紹書，再掀起知識啓蒙的熱潮。

孟樊兄與楊大春副教授在一股知識熱忱的驅動下，花了不少時間，熱忱謹慎地挑選當代思想家，排列了出版的先後順序，並且很快獲得揚智文化事業公司葉忠賢先生的支持；因而能夠順利出版此系列叢書。

本系列叢書的作者網羅有兩岸學者專家以及海內外華人，爲華人學界的合作樹立了典範。

此一系列書的企劃編輯原則如下：

1. 每書字數大約在七、八萬字左右，對每位思想家的思想進行有系統、分章節的評介。字數的限定主要是因爲這套書是介紹性質的書，而且爲了讓讀者能方便攜帶閱讀，提昇我們社會的閱讀氣氛水平。

2. 這套書名爲《當代大師系列》，其中所謂「大師」是指開創一代學派或具

有承先啟後歷史意涵的思想家，以及
思想理論具有相當獨特性且自成一格
者。對於這些思想家的理論思想介
紹，除了要符合其內在邏輯機制之
外，更要透過我們的文字語言，化解
語言和思考模式的隔閡，爲我們的意
識結構注入新的因素。

3.這套書之所以限定在「當代」重要的
思想家，主要是從八〇年代以來，台
灣知識界已對近現代的思想家，如韋
伯、尼采和馬克思等先後都有專書討
論。而在限定「當代」範疇的同時，
我們基本上是先挑台灣未做過的或做
的不是很完整的思想家，做爲我們優
先撰稿出版的對象。

另外，本系列書的企劃編輯群，除了包
括上述的孟樊先生、楊大春副教授外，尚包
括筆者本人、王寧博士和龍協濤教授等五位
先生。其中孟樊先生向來對文化學術有相當

熱忱的關懷，並且具有非常豐富的文化出版
經驗以及學術功力，著有《台灣文學輕批
評》（揚智文化公司出版）、《當代台灣新
詩理論》（揚智文化公司出版）、《大法官
會議研究》等著作；楊大春副教授是浙江杭
州大學哲學博士，目前任教於杭大，專長西
方當代哲學，著有《解構理論》（揚智文化
公司出版）、《德希達》（生智文化事業出
版）、《後結構主義》（揚智文化公司出
版）等書；筆者本人目前任教於政大東亞
所，著有《馬克思社會衝突論》、《晚期馬
克思主義》（揚智文化公司出版）、《中國
大陸學》（揚智文化公司出版）、《中共研
究方法論》（揚智文化公司出版）等書；王
寧博士現任北京大學英語系教授，「中國比
較文學學會後現代研究中心」主任、「國際
比較文學協會出版委員會」委員、「中美比
較文化研究會」副會長、北京大學學報編
委；龍協濤教授現任北大學報編審及主任，
並任北大中文系教授，專長比較文學及接受

美學理論。

　　這套書的問世最重要的還是因為獲得生智文化事業公司董事長黃亦修先生的支持，我們非常感謝他對思想啓蒙工作所作出的貢獻。還望社會各界惠予批評指正。

　　　　　　　　　　李英明　序於台北

序言

　　這是一個充滿世紀末情懷的年代。落日
餘暉普照大地，輝煌也黯淡。不管在哪裏，
神學、哲學不是囿於高深的教條，就是毫無
歸處的游移，它們和科學一樣給整個世界帶
來好處也帶來恐怖，原因很簡單：

　　　　科學是工具；
　　　　神學是工具；
　　　　哲學也是工具。

　　人們彷彿成了感性欲望和理性工具的奴
隸。人類需要拯救，時代召喚英雄。這本小
冊子就試圖向人們推出一位英雄式的時代人
物，他具有廣闊的胸懷，以無與倫比的勇氣

向世俗和神聖挑戰，在神學、宗教哲學中掀
起一場哥白尼式的革命。他就是約翰・希克
（John Hick）。本書並不奢望能為讀者一
勞永逸地解決問題，只是透過介紹希克的重
要思想向大家提供一個認識的視角，這對處
在現代——後現代之際的中國讀者來說，或
許可以藉此看清自我、世界和未來。

　　希克是一位基督教神學家和宗教哲學
家，我們所描述的不少內容不得不依賴於猶
太——基督教的表述方式。但這一點既不是
後來希克所希望的，也不是我們所希望的，
我們同意希克盡可能從全球各種傳統多角度
地理解、闡明問題。

　　希克是一位多產作家，至今著書（包括
編著）近30部。其一生的思想多變，在這部小
書裏，我們不可能作一個系統、全面、精緻
的闡釋，只是追隨希克的核心關懷和核心思
想，希望讀者能夠透過它對「解蔽」（dis-
enchantment）有所益處，那麼我們的目的
也就達到了。

　　最後，筆者要特別感謝生智文化事業出
版此書的心意，並謝謝楊大春、孟樊先生為
本書的出版所作的一切。

　　　　　　　　　　林曦　於杭州

目　錄

導論

　　本書圍繞希克的核心關懷和核心思想展開闡述。主要分爲六個部分：

㈠希克的生平、著作及基本思想

　　由希克的生平、著作及基本思想中可以看出希克是一個著述豐富、思想活躍、具有獨創精神的宗教哲學家，也是一位將理論較完美地融入其實踐的改革家。

㈡上帝問題

　　傳統神學、宗教哲學是上帝的辯護士，想盡種種辦法證明上帝的存在，但希克告訴我們這一切努力都是那麼蒼白無力、勞而無功。也許它們的價值僅在於啓示人們：從理性到上帝是條死路。希克透過理性思辨，試圖從末世證實的角度證明信仰的合理性。值得提醒的是，希克沒有證明上帝的存在，而是證明了一個人信仰上帝的合理性。

㈢知識問題

　　希克所說的上帝與康德的物自體既相似又不同。相似之處在於：它們都超乎人類理論所能把握的範圍，任何語言、概念都無法

表達。不同之處在於：康德的物自體遠離人的生存，只是一個與人無直接關係的假設，而希克所談的上帝（後來他更多地用「實體本身」（the Real an sich）這一術語，在必要的情況下，我們也直接使用「實體」一詞）①是可體驗到的。

發端於費爾巴哈的宗教非（或反）實在論，曾對傳統宗教（尤其是猶太──基督教傳統）的關鍵術語，如上帝的指稱，提出質疑。這種宗教反實在論的思想在布雷斯韋特（R. B. Braithwaite）、蘭德爾（John Herman Randall）、菲律普（D. Z. Phillips）與卡皮特（Don Cupitt）那裏得到發展。希克則站在宗教的批判實在論立場上，既批判了傳統宗教的素樸實在論立場，也批判了宗教反實在論立場，堅信信仰者依賴於他／她所經歷的宗教經驗，有權利相信其經驗的實在性。信仰乃是一個人的權利。

㈣多元論問題

宗教現象學告訴我們，各個宗教傳統是

獨立存在的。以一種宗教去統攝其它宗教，並導致種種衝突是違背社會良知的。因此，多元宗教並存是社會良知的要求，如果我們進一步認識希克的宗教多元論假設，則可以理解到多元宗教並存也是宗教的內在要求。

㈤宗教眞理問題

希克發現軸心後時期宗教有一個共同的救贖論結構：即人的生存從自我中心向實體中心的轉化。如果各宗教都以這個救贖論眞理爲核心，那麼就可以從根本上解決宗教眞理衝突的問題。

㈥結語

筆者最後簡要地歸納了希克的思想菁華及其給予我們的方法論啓示。

註釋

①由於希克是跨宗教傳統研究，許多分屬於不同
宗教傳統的術語都以某種方式被整合在一起。
讀者應注意的是，希克所用的下列術語實屬同
一指稱：「終極實在」、「超越者」、「實體」
和「實體本身」等。

第一章
生平、著作和基本思想

　　「一個性情溫和不具攻擊性的人，竟然
被某些人看成是激進和極端的危險份子」，
人們感到驚奇，而他如此說：「從本性上
講，我是一個保守、謹慎、羞怯、易輕信他
人的人，然而我的理智卻把我引向與這種性
情很不相符的各種結論，而正是這些結論讓
我陷入了麻煩。如果順其自然，那麼我本質
上的保守天性很可能使我贊成每一種流行的
一致看法，從而成為一名相當受人尊敬的神
學家和牧師。的確我有一個良好的開端，並
且多年來一直在這條筆直而狹窄的道路上保
持著這種狀態。但最終，頭腦對哲學、對問
題的探尋表現出來某種固執的傾向，並且顯
示出喜歡在爭論中挑刺、關注公認的信仰體
系中的矛盾、把事情搞糟、對事實糾纏不放
等不合群的習慣。」①，這位一直以追求真
理為生命的可敬老人，對自己可謂有清醒的
認識，他就是約翰‧希克。

　　約翰‧希克（John Hick）1922年生於
英國約克郡（Yorkshire）。據他回憶，在其

孩提時代，常被帶進當地安立甘教區教會，
當時只覺得教會禮拜非常枯燥煩悶。儘管如
此，卻曾強烈地感受到作為人格的宇宙之愛
主──上帝的實在性。18歲時，他讀到印度吠
檀多哲學著作《神智學原理》，受其吸引但
不相信它的解釋。1941年，希克考入赫爾
（Hull）大學攻讀法律，也就在這一年經歷
了一次靈性的皈依，成了一名福音派基督
徒，完全接受基督教的基本信仰：(1)《聖
經》是神啓示的；(2)上帝六天內創造世界；
(3)人類的墮落與原罪觀念；(4)耶穌是上帝的
獨生子，由童貞女瑪麗亞所生，他意識到自
己的神性，並施行神跡；(5)耶穌的寶血把人
從罪中拯救出來；(6)耶穌肉體復活升天，將
來復臨；(7)天堂與地獄觀念。

　　一年以後，希克離開法律系，服役入伍，
成了一名獻身的和平主義者，加入了公誼救
護隊（the Friends' Ambulance Unit），輾
轉於英國、中東、義大利和希臘之間。1944年
去愛丁堡大學攻讀哲學，師從著名哲學家普

賴斯（H. H. Price）。同年，他在義大利服役期間所做的大量哲學筆記，則構成了其博士論文的雛形。他的研究重點是宗教認識論，尤其是宗教信仰的性質。

1964年希克赴劍橋大學任宗教哲學講師。1967年伯明罕大學伍德（H. G. Wood）教席空缺，希克提出申請並被聘用。

希克的神學思想在五、六〇年代是相當保守的，他在一篇〈論拜利的基督論〉（載《英格蘭神學雜誌》卷II，1958）中批判拜利（D. M. Baillie）的基督論，認為它沒有完全表達正統信仰。但自從他進入伯明罕大學，並捲入當地社會政治生活以後，他的思想很快就轉變了。1973年發表的宗教哲學論文集《上帝和信仰的世界》（*God and the Universe of Faiths*）就是對基督教本身的反思。

當時的神學認為只有一條救贖之路，便是耶穌基督是唯一的道路。但人們的宗教實踐表明這是夜郎自大。

　　希克認爲這種實踐與理論之間的張力在
於對基督教核心觀念道成肉身（incarna-
tion）的理解。人們應該把道成肉身理解成
象徵性或隱喻性或神話式的眞理而非字面的
眞理。1977年他主編出版的《上帝道成肉身
的神話》（*The Myth of God Incarnate*）
使得這一思想成爲當時英國神學界爭論的焦
點。

　　1967年至1979年伯明罕社區的政治活動
占據了希克大量的時間和精力，但其學術上
的成績也碩果纍纍。除了主編《上帝道成肉
身的神話》之外，還出版了《上帝存在的證
明》（*Arguments for the Existence of
God,* 1970）、《上帝與信仰的世界》
（1973）、《死亡與永生》（*Death and
Eternal Life*, 1976）等。

　　希克在《上帝存在的證明》一書中，考
察了傳統神學、宗教哲學關於上帝存在的證
明，主要有本體論證明、宇宙論證明、道德
論證明，以及其它新型證明，如可能性證明。

在該書最後一章，希克別出心裁地提出「無
需證明的理性的有神論信仰」。他認為《聖
經》中上帝的存在幾乎是不證自明的事實，
因為對摩西、大小先知、耶穌這樣的人來說，
上帝的存在是一個活生生的事實。他們沒有
想到這樣的上帝需要證明，就好像一個妻子
沒想到要證明她的丈夫一樣，因為這樣做是
不合常情的。希克指出，耶穌深深地體驗到
上帝的臨在，因而他對上帝的信仰是合理
的，就如我們相信自己在用筆寫字一樣合
理。這一理論還要面臨一種新的挑戰，例如
如何與非有神論的吠檀多哲學、大乘佛教和
中國道家思想統一起來？希克在該書中沒有
討論這一問題。

　　在《上帝和信仰的世界》中，希克大膽
地提出宗教多元論思想，主張重新反思基督
教的本質，重建基督教的信仰，實現神學中
哥白尼式的革命，即將基督教神學從基督中
心轉向上帝中心，並重新描繪一幅新的信仰
圖景。

　　《死亡與永生》這部巨著從全球範圍內
考察這個「史芬克斯」（Sphinx）之謎。希
克相當深入地研究了東西方關於死亡問題的
不同看法，並在廣泛研究的基礎上提出自己
一套獨特的死亡觀。無可否認，這部近500頁
的鉅著非一般學者所能勝任。希克說他試圖
以死亡與永生為主題為建構全球神學作一些
準備性工作。

　　1980年，希克出版了宗教哲學和神學論
文集《上帝有許多名字》。這部著作倡導宗
教多元論，並結合英國的多元宗教語境來論
述這一主題。

　　1982年，希克又出版了一部著作，與其
1980年的著作同名，但沒有副標題，即《不列
顛的新宗教多元論》。這兩部著作有幾篇重
複。他之所以喜歡用「上帝有許多名字」這
一書名，無非是要喚起不同宗教人士對宗教
之間關係的重視，為建立新的宗教信仰作理
論論證。

　　1985年，希克出版了宗教哲學論文集

《多元宗敎諸問題》，在該書第一章回顧了
自己走向宗敎多元論道路上的三場精彩絕倫
的論戰。他在前言中指出，西方宗敎哲學幾
乎到了最近才在猶太——基督敎傳統範圍內
完全起作用。二次大戰後，宗敎歷史與宗敎
現象學的訊息大爆炸，使得宗敎哲學家有可
能在更大的宗敎生活語境裏考察宗敎主題。

　　1986～1987年，希克在愛丁堡大學舉辦
著名的吉福德（Gifford）講座，兩年後出版
了《宗敎之解釋：人類對超越者的回應》一
書。該書被許多學者視爲是希克一生中最輝
煌的鉅著，它不僅包含了以前所有他認爲有
價值的理論思想，而且提出了許多原創性思
想。更有意義的是他獨具一格地從宗敎解釋
宗敎的角度全面而系統地考察了人類宗敎現
象，人們藉著他的認知框架可以比較客觀地
看到人類宗敎的各個方面。這部著作爲宗敎
多元論哲學奠定了一個完整的哲學理論基
礎。

　　1993年希克出版了宗敎哲學論文集《神

學和宗教哲學中爭論的問題》以及研究基督
論專著《上帝道成肉身的隱喻》。前一部書
就神學和宗教哲學中爭論的一系列前沿問
題，表達了他的看法。在《上帝道成肉身的
隱喻》一書中則全面而系統地考察了基督教
的核心教義：道成肉身、三位一體、贖罪等。
他用多元論的方法闡明了耶穌在多元宗教時
代的地位和價值②。早在七〇年代，希克就
意識到，不同宗教之間溝通的最大障礙，就
基督教而言，是傳統基督論。他在這部著作
中將傳統基督論加以澄清，使它既保持基督
本身的個性，又能使它和世界其它宗教傳統
相協調。

　　不滿足於構築一個精美絕倫的理論，一
生不斷地尋求突破，一直處在學術最前沿的
約翰・希克，走過了人生七十幾個春秋後，
駕著一葉小舟顛波在茫茫大海中，仍期待著
上帝的恩典和光照。

註釋

①John Hick，《多元宗教諸問題》（Macmillan, 1985），第1頁。

②筆者根據希克的理論也表達了自己的基督論思想：〈多元宗教時代的耶穌〉，載陳村富主編，《宗教與文化論叢》㈢，北京，1996。

第二章
上帝問題

一、理性與上帝

　　上帝問題的核心是上帝存在的問題。自古以來，多少神學家、哲學家苦苦思索、孜孜以求，要為人們從理性到上帝架起一道信仰的彩虹。他們堅信，理性是人類共同具有的，理性和信仰之間存在必然的聯繫，上帝的存在可由理性來證明，人們借助理性從而走向上帝。這一思想早在古希臘就已存在，雖然晚期希臘出現了以皮浪（Pyrrho）、塞克斯都・恩披里柯（Sextus Empiricus）為代表的懷疑主義，從根本上否認了理性證明上帝的可能性①。但是，猶太──基督教傳統似乎並未受到致命的打擊，因為許多人認為信仰不僅僅依賴於理性、概念，更重要的在於體驗（experience）。這就是為什麼在希克的眼裏理性無法證明上帝存在卻能證明信

仰上帝存在是合理的原因之所在。下面，我
們將具體介紹一些理性證明上帝存在的理論
及希克的看法。

㈠本體論證明

　　本體論證明對哲學家一直具有吸引力，
此證明的經典闡述者是11世紀的聖安瑟倫
（St. Anselm）。安瑟倫說：「上帝是不可
設想的、無與倫比的東西」（aliguid quo
nihil maius cogitari possit）。那麼，這個
無與倫比的東西存在於人的心裏、心外，還
是既存在於心裏又存在於心外？安瑟倫認
為，這個無與倫比的上帝觀念不僅存在於心
中，也存在於心外，即現實地存在著。為什
麼呢？他說：「Et centre id quo maius
cogitari nequit non potest esse in solo
intellectu. Si enim vel in solo intellectu
est potest cogitari esse et in re quod
maius est.」儘管人們對這段話有不同的解
釋，但意思應該十分明確：「的確，還有一
種不可設想的無與倫比的偉大的東西，它不

能僅僅在心中存在，因為，即便它僅僅在心中存在，但是它還可能被設想為也在現實中存在，那就更偉大了。」②由此推知，這個無與倫比的偉大的東西不可能只存在於心中，因為那樣的話，不可設想的無與倫比的東西與可設想的無與倫比的東西便等同了。顯然，這是矛盾的，結論只能是：一個不可設想的無與倫比的偉大的東西既存在於心中，也存在於現實中。

安瑟倫的證明受到了同時代的高尼羅（Gaunilon）的批判。高氏認為，假如有某一個甚至不能用任何事實來設想的東西，一定要說它在心中存在，那麼也不能否認這個東西在其心中存在。但是，人們萬萬不能從這事實得出結論：這個東西也存在於現實之中。

現代哲學之父笛卡兒則重複了安瑟倫的本體論證明。笛卡兒認為，存在必然包含在上帝定義的賓詞之中。正如內角和等於180°是三角形的一個必然特性，同樣，存在也是

最完善者的一個必然特性。一個三角形若無
其定義性屬性，就不是一個三角形；上帝若
無存在就不是上帝。它們的區別在於，就三
角形而言，我們不能推論出任何三角形之存
在，因為存在不是三角形的本質屬性；但就
最完善者上帝而言，我們推出存在，因為存
在是一個本質屬性，沒有它，任何東西都不
是無限完善了。

　　但是，笛卡兒新的本體論證明卻受到康
德的批判。康德的批判分兩層。第一，康德
首先接受笛卡兒的主張，認為存在的觀念從
分析上說屬於上帝觀念，正如三隻角的觀念
從分析上說屬於三角形的概念一樣。這時，
賓詞必然與主詞聯繫。但這不能斷言主詞和
賓詞在現實中存在。康德認為，在同一命題
中，如果拒斥賓詞而保留主詞就會產生矛
盾；所以，賓詞必定屬於主詞。但如果同時
拒斥主詞與賓詞，並不矛盾；因為沒有什麼
東西可以自相矛盾。設定一個三角形又否認
它有三隻角是自相矛盾的；可是，拒斥這個

三角形及其三隻角的存在，卻沒有任何矛
盾。關於一個絕對必然存在者的概念也同樣
如此。

康德又在更深層次上拒斥了笛卡兒論證
所依據的基本假定，認為存在的觀念並不能
給一個或一類特定之物的概念增添任何內
容。「存在」的邏輯功能不是給定義進一步
增加屬性，而是斷言定義適用於世界中的某
東西。所以，×存在並不等於說，除了別的
種種屬性之外還有「存在」這一屬性，而是
說在現實中有一個×。

哲學家羅素以其特有的分析方法對「存
在」一詞作了考察，得出與康德相似的結
論。他指出，「存在」從語法上說是賓詞，
但在邏輯上起著另一種作用。例如「獨角獸
不存在」並不包含著獨角獸必定首先在某個
神秘意義上存在，以便我們可以說它們不存
在；它僅僅意味著存在×，以致我們可以說
「×是一隻獨角獸」是真實的。同樣，「上
帝存在」意即存在（並唯一存在）×，以致

「×是全能的」是眞實的。羅素的分析淸楚
地告訴我們，如此斷言存在的命題不可能是
眞的，也不能根據先驗必然性而成爲眞實
的。

　　希克還進一步考察了安瑟倫的另一種形
式的本體論證明，區分了邏輯必然性和事實
必然性，認爲像哲學家哈特索恩（C. Hart-
shorne）、馬爾科姆（N. Malcolm）關於本
體論的證明也是失敗的，這裏就不作更深一
步的論述了。

㈡宇宙論證明

　　宇宙論證明的經典闡述者是托馬斯・阿
奎那，他在《神學大全》第一集第二題第三
條系統地論述了上帝存在的五種證明方式。

　　宇宙論證明不同於本體論證明，本體論
證明把注意力集中於上帝觀念上，然後逐步
揭開觀念的內涵。阿奎那的證明與此相反。
從廣義上講，一切從世界之普遍特性到上帝
的有神論證明都可以歸爲宇宙論證明。狹義
上的宇宙論證明就是從世界的偶然性證明上

帝的存在，就是從宇宙特徵的不能自我解釋
到能自我解釋的存在物之證明。

阿奎那的前三種證明屬於典型的宇宙論
證明。第一種證明來自於亞里斯多德，它從
運動的事實，即從事物的運動到第一推動力
的證明。阿奎那認爲在這世界上事事物物在
運動，這是確鑿的，而且感覺得到的。凡是
運動的事物，總是爲另一事物所推動。A被推
動，無非是存在著被推向某一方面的可能
性。至於推動者，它本身則是現實的，因爲
運動無非是引導事物從潛能變成現實。……
因此，如果說一個事物在同一條件下既是推
動者又是被推動者，或者說既是自動者又是
受動者，這是不可能的。因而，凡是被動的，
必定爲另一個所推動。所以，如果某事物之
運動是被動的，則它本身必定爲另一事物所
推動。同時，其它事物又必定爲另一個其它
事物所推動。如此無限制地推論下去，永無
第一推動力，也就無運動可言。因爲第二個
運動者，如無第一個運動者去推動，是不會

運動的。所以，最後必然要追溯到一個不為
其它事物所推動的第一推動者。

運動包括位移大小及狀態的改變。阿奎
那認為狀態的改變更為基本，亞里斯多德則
稱之為潛能的實現。但潛能並非自我實現
的，必定有另外的原因使之實現出來。換言
之，推動也是被推動：推動前設了一個在起
作用的原因。如此循環往復，要麼無窮無盡，
要麼終於一個「不動的推動者」。阿奎那排
除了前者的可能性，其論證主要分三步：

1. 從潛在的×到現實的×，任何的改變
   都是由另外的東西引起的；
2. 「另外的東西」必定是現實的×；
3. 「另外的東西」不可能是一種無窮的
   倒退，所以必有終極的原因，這個終
   極原因無需由另外的東西推動。

希克認為，上述論證的每一步驟都成問
題。他借用哲學家肯尼（A. Kenny）的理論
進行了批評。

　　肯尼首先指出推理中存在一個明顯的缺陷。阿奎那急於排斥事物自我運動的可能性，認為事物運動是被動的，運動必然由外在力量推動。但他沒有考慮到某些東西的運動正是自動的。

　　肯尼又指出，上述第二步論證只能適用於某些情況而不是所有情況。關於第三步論證，我們需要考慮他因在時間中的無窮倒退還是自因的無窮倒退。根據新托馬斯主義的觀點，被排斥的無窮倒退是自發的原因條件的無窮倒退。因為必然原因之條件的無窮系列仍然不能解釋起源現象。

　　阿奎那關於第二種證明──「第一因論證」──是這樣的：「我們在感性的事物中發現一個有效因的系列，可是找不到而且也不可能有某事物自身就是有效的原因，因為自身先於自己而存在，這是不可能的。至於有效因，也不能無限制地推論下去，因為在一系列的有效因中，最初者是中間的原因，中間者無論是多或是少，也是最後的原因。

如果除掉原因，則就等於除掉結果。所以，
如果在有效因中不先有最初者，則沒有中間
者，也就沒有最後者。可是，如果對有效因
作無限制的追溯，也就沒有最初的有效因，
這樣也就不會有中間的有效因和最後的結
果，這種追溯顯然是錯誤的，所以提出一個
最初的有效因。」③阿奎那的論述已相當清
楚，無需作進一步的解釋。希克認為這一論
證有一個困難，把事件往前追溯而不要任何
開端斥為不可能，未免太武斷。

　　希克指出，阿奎那認為原因在時間中產
生結果，而一個事件不能是自身的原因，這
個觀點面臨困難，為此一些新托馬斯主義者
提出了新的論證。他們認為，不是事件在時
間裏的追溯，而是無限的，從而是解釋上永
無結果的追溯。如果事實A可以理解，是因它
與事實B、C和D的關係，而後三者之中每一
個之所以可以理解，又因其它一些事實可以
理解，這個複雜的系統必然有一個最後事
實，它是靠自身來解釋自身的，構成這一整

體的終極性解釋，否則，這宇宙就成了一團
不可理解的事實。

希克並不贊同這一新托馬斯主義的發
展，它依然存在兩個無法擺脫的困難：第
一，我們怎麼知道宇宙就不是一團純粹不可
理解的事實呢？哲學懷疑主義就相信宇宙的
不可理解性。新托馬斯主義者排斥這種可能
性是不充分的，從而陷入兩難境地：要麼有
一個第一因，要麼宇宙根本就是無法理解
的，但這並未迫使我們作非此即彼的選擇。
第二，該論證依賴於已遭懷疑的因果觀。如
果因果律陳述的是統計學上的或然率，或因
果關係所表達的只是觀察到的事件順序（休
謨），或只是人類思維結構的反應（康
德），那麼托馬斯主義的論證就無法成立。

阿奎那的第三種證明方式，從世界的偶
然性事物出發，推出一個必然性的事物（上
帝），他說，「我們看到自然界事物，都是
在產生和消滅的過程中，所以它們又存在，
又不存在。它們要長久存在下去，是不可能

的。這種不能長久存在的東西，終不免要消失。所以，如果一切事物都會不存在，那麼遲早總都會失去其存在。但是，如果這是眞實的，世界就始終不該有事物存在了。因爲事物不憑某種存在的東西，就不會產生。所以，如果在一個時候一切事物都不存在，這就意味著任何事物要獲得存在，也不可能了。這樣一來，現在也不可能有事物存在了——這樣的推論是荒謬的。因此，一切存在事物不僅是可能的，而且有些事物還必須作爲必然的事物而存在。不過，每一必然的事物，其必然性有的是由於其它事物所引起的，有的則不是。要把其它事物引起必然的事物推展到無限，這是不可能的。正如上述動力因的情形一樣。因此，我們不能不承認有某一東西，它自身就具有自己的必然性，而不是有賴於其它事物得到必然性，不但如此，還使其它事物得到它們的必然性。這某一種東西，人們都說它是上帝。」④

　　希克認爲，阿奎那預設了一個無物存在

的時間，這無疑削弱了其論證。因爲，也許
有一個有限的偶然的事件的無窮系列，占滿
了連綿的時間。阿奎那和新托馬斯主義者意
識到了這一點，取消了關於時間的說法，他
們的論證基礎變成偶然世界與非偶然世界的
邏輯關係。

　　托馬斯主義的論證有一個不變的前設：
世界最終是可理解的。不管從運動原因還是
偶然性的角度考察，世界本身不能自我作出
解釋，其可理解性是依賴於世界之外的存
在，即能自我解釋的存在物。這個存在物必
定不在世界事物的存在序列之中，它就是上
帝。

　　希克指出，懷疑主義的力量就在於揭開
其論證的不可能性：我們事實上被迫面臨兩
種同樣可能的解釋，一是對世界作出有神論
的解釋；一是非有神論的解釋——把世界本
身理解爲一個不可思議、神秘的非理性的事
實。因此，從運動、原因和偶然性的角度證
明上帝的存在是軟弱的，也是不可能的。

㈢設計論（目的論）證明

　　設計論證明是有神論論證中最流行的一種。這種論證首先出現在柏拉圖的《蒂邁歐篇》（*Timaeus*）中，也出現在阿奎那的第五種上帝證明中，隨著近代描述性科學，尤其是動物學、植物學、天文學和解剖學的發展，大大促進了這種論證方法的盛行。18世紀對設計論最有名的解說是帕雷（William Paley）。他於1802年出版的《自然神學》一書對此作了經典性闡述。

　　帕雷說，假若我走在一片荒地上，腳踩到一塊石頭，有人問這石頭怎麼會在那裏，我可能說它早就在那裏，這樣回答並不表現出什麼荒謬性。但假如我見到地上有一隻錶，要問它怎麼在那地方，我就不能說它早就在那裏。那麼，這一回答為什麼不適用於錶卻適用於石塊呢？原因是，錶由好多事件共同組合為某一目的而起作用，例如它如此構成，目的是為了運動，藉由規則的運動指定一天的時間。也許，自然的東西可歸之於

偶然的原因，但對於這錶，不能不設定一個
能製造錶的有理智的頭腦——人。

帕雷對這例子作了進一步的論述：第
一，即使我們從未見過鐘錶，也不會削弱我
們的推論，因為鐘錶本身就使我們相信這是
理智的產物；第二，如果這錶工作得不理想
也不能削弱我們的推論，我們依然可讚賞它
是設計的產物而不是自然隨意的產品；第
三，如果我們無法揭示錶內部件的功能，也
不能削弱我們的推論。

大衛‧休謨對設計論證明的批判最為深
刻。儘管休謨的《自然宗教對話錄》的出版
（1779）比帕雷的《自然神學》早了23年，
可帕雷對之並不理會。希克透過休謨對設計
論作了五點批評：第一，人工製品如房子、
鐘錶、輪船等和世界相類比是無力的；第
二，設計論證明透過先驗的秩序解釋自然中
發現的秩序，這一推論首先假定先驗秩序是
無需解釋的，而自然秩序是需要解釋的；第
三，設計論的倡導者僅僅指出宇宙的有序化

狀態是不夠的，有序的宇宙並不能證明神聖
的活動，我們完全可以對此作出自然主義的
解釋；第四，我們永遠不能從自然的表象推
斷基督教神學所描述的無限而完善的創造
主，因為有限且不完善的世界事實上不能包
含一個無限完美的作為原因的創造主；第
五，希克認為休謨運用了可能性概念，但未
做進一步的探討。

　　休謨的反駁是十分有力的，本質上揭示
了我們有限的理性人無法在有限與無限之間
透過類比而貫通，即便有了這樣的貫通也無
法證明傳統基督教神學的理論，正如休謨所
說，我們為什麼不說有兩個或多個上帝共同
設計這個宇宙呢？

　　希克還進一步考察了近現代的設計論證
明，限於篇幅，不作深入的探討。

（四）道德證明

　　上帝有其存在的倫理環境，希克指出，
它既包括一般的事實，即能意識到並在起作
用的道德觀念，也包括應該或避免這樣或那

樣行動的要求感。我們可以把這兩類倫理現
實——一般觀念以及具體的責任——放在一
起，然後追問它們是否有假設一個神作為其
根源或基礎的必要。當人們意識到應該做某
事，尤其是當他／她本人不想做時，就會感
到一種倫理存在的壓力。它臨駕於人之上，
用康德的術語說就是一種絕對命令。這引出
一個問題：這一道德責任的基礎是什麼？

　　某些有神論者認為道德權威必定來之於
人類屈從於它的外在源泉，它具有倫理的特
徵；這樣一種超越的人類道德價值與責任的
倫理基礎就是我們所稱的上帝的一部分。然
而，如果道德責任和作為終極基礎的上帝有
關，那麼我們如何確切地理解這種關係？希
克說有兩種可能性：第一，這是一個外在的
神聖命令問題，第二，這是創造我們的上帝
問題，我們作為道德的存在物能夠感覺到道
德價值的內在權威，並能夠對它們作出響
應。

　　希克認為，第一種可能性植根於傳統有

神論語言，對上帝的服從意味著善，不服從
就是惡。但這觀點有一個困難，這早在柏拉
圖的《歐斯佛洛》（*Euthy Phro*）中已指
出。行動的正確是因為上帝命令它們的，還
是它們本身正確上帝才命令它們的呢？如果
是前者，它們就不是內在地而是偶然地正確
的，僅僅是上帝以這種方式而非另一種方式
去命令的結果。然而，我們道德意識（如仁
愛）的顯著特徵是內在善的，而殘忍是內在
惡的；這就包含了對錯不依賴於超然存在的
決斷。如果上帝喜歡仁愛是因為它是善的，
禁止殘忍是因為它是惡的，那麼由此可推
出，基本的道德價值不是由神聖命令創造
的，我們甚至可以把神聖的善本身由道德標
準來衡量。如果情況真如上所言，那麼道德
的基礎就不在於上帝。

　　因此，希克認為，更大的可能性是，把
道德看作我們人性的一種功能。我們都是群
居動物，這是產生道德與律法的內在社會依
據。人與人之間的相互作用形成我們的人

格，正是這一人格之間的性質產生了相互間
的道德責任感。由於我們彼此都是眾多成員
中的一員，我們的意識把傷害鄰人視爲錯誤
的，並要加以禁止，有時也意識到使人避免
傷害是對責任的肯定。人類要生活在這個社
會共同體中，就必須發展起規則以協調其活
動。例如偷竊和謀害必受禁止，並透過懲罰
來阻止。這樣的規則對於社會的生存與繁榮
必不可少。因此希克得出結論，倫理基礎在
於人性這一事實特徵，人性的特徵本質上是
人與人之間的。由於我們對他人具有一種深
沉的需要，並在許多不同程度上有一種相互
同情的自然傾向。由此可見，道德是人際相
互作用領域的一個方面。

　　如果道德的基礎是人性，那麼在很大程
度上康德是正確的。康德在其絕對命令的理
論中表達了他的觀點，道德的本質在致力於
公益。人們應該根據純粹理性的標準去行
動。實踐理性以同樣方式在每一個人那裏起
作用，並且正當行動就是合理的，其合理性

建立在非限制的有效原則之上，而不是一個
人的欲望和偏好之上。倫理是自律的，沒有
上帝依然存在；但根據有神論信仰，整個人
類存在的王國都是神性創造的一個方面。從
這點看，倫理來之於上帝，這不是在神聖命
令的意義上說的，而是個人王國是上帝的創
造這一意義上說的。這樣，信仰上帝的實在
性和對道德生活的自律結合起來了，希克認
為，這就解決了倫理的宗教地位問題。然而，
我們不再能從道德證明上帝。

綜合上述考察，本體論、宇宙論、設計
論和道德論證明上帝之存在都是不充分的，
可見，理性的界限正如康德所言的是現象
界。

二、末世與上帝

上帝的存在不在理性證明的範圍內，但

為什麼會有這麼多人相信呢？難道他們都是瘋子或是受了誘惑？事實上，他們中很多人都是極優秀的人物。希克是位有信仰的宗教哲學家，自然特別關注這個問題。在上面，他否定了理性證明上帝的可能性，在本節卻為信仰上帝的合理性作出了辯護。

證實概念在本世紀二、三十年代已成為最受爭議的概念之一。希克認為證實概念的核心是要排除關於命題的無知或者不確定性。P得到證實，不管P體現為一個理論、假設、預言還是直接的斷言，這就意味著發生了使P為真的事實。例如說人存在就是斷言在實際的和一個可能的宇宙之間有某種原則上可觀察到的差異，就是前者有人而後者無人，這種差異的存在構成了「人存在」這一個事實陳述。因此，一個問題一旦解決，就不再有對它懷疑的合理理由。懷疑的根據被排除的方式是隨問題變化而變化的，但一切證實的實例都有共同的特徵，即透過排除合理懷疑的理由弄清命題的真相。如果命題的

真偽不構成任何可觀察到的差異，那麼該命
題在認識上就無意義，不構成一個事實性陳
述。

　　希克舉了一個例子，假如有人某天早上
宣佈：一夜之間整個有形宇宙在體積上增加
了一倍，光速也增加了一倍。乍一聽，這條
驚人的消息似乎表明有一項重大的發現，構
成宇宙的所有東西，其中包括我們自己的身
體，現在都有昨天的兩倍大了。然而，誰能
知道並證明這條消息呢？如果情況的確如此
或不是這樣，那會造成什麼可觀察到的區
別？進一步想，事情就變得很明顯：這個命
題，不可能有任何證據。試想一下，如果整
個宇宙已膨脹一倍，光速隨運動加快一倍，
那麼我們的度量衡也隨之增加一倍，所以也
就不可能知道有任何變化已發生。道理很簡
單，量度的標尺隨著量度的對象一起擴大，
它就不能量出對象的擴大。所以該消息只能
歸入無意義的一類。希克強調，一個命題的
真或偽如果不造成任何可觀察到的差異，那

麼它在認識論上就無意義，不構成一個事實
性陳述。

　　進一步思考，證實這概念是純邏輯的還
是既是邏輯的又是心理的？例如一位地理學
家預言150萬年後地球被水覆蓋，如果事情果
眞如此，但同時人類也已滅絕，那麼就沒有
人留下來觀察這一事件或就地理學家預言的
精確性得出結論。由於沒人留下來做證實的
工作，我們可以說他的預言得到證實或證僞
了嗎？希克認爲，「證實」以及同源詞的用
法完全允許我們以每一種不同的方式去言
說。但只有這類我們感興趣的命題的證實才
是人類參與的。所以，出於研究的需要，可
以把證實視爲結合邏輯和心理的概念而不只
是一個純邏輯概念。希克主張把「證實」理
解爲一個動詞，在主動語態中，它的基本用
法是：「我證實」、「你證實」、「他們證
實」。無人稱被動式的證實在邏輯上被認爲
是次要的。說P已得到證實也就是說至少有
人已證實了它，並且他或他們對這一結果的

報導通常有可接受的含義。但在這一用法中，如果沒有人已證實它，那麼對P而言就不可能得到證實。因而，證實首先是在人的意識中發生。它涉及一種經驗。另一方面，證實也是邏輯上的概念，因為，並非任何經驗都可正確地稱為證實的經驗。所以，希克說，對於證實而言，邏輯的和心理的條件都要具備。這就像「認識」一樣。「認識」是某人擁有或經歷的經驗，或某人擁有的意向狀態。若沒有人擁有、經歷或在這種經驗中，「認識」就不會發生。

　　證實常常可理解為一個預言有根有據，並不必然地證實預言的正確，只要排除懷疑的理由。當我們對具有事實的命題可證實性發生興趣時，預言的概念就成了核心。如果一個命題包含或帶來可證實或證偽的預言時，那麼作為一個斷言的特徵也就確立了。儘管這斷言的特徵可能不是一個真正的斷言。希克認為，這種預言可能是有條件的。例如關於隔壁房間黑暗的特徵的陳述藉由有

條件的限制可以被認爲是有意義的，因而，
如果一個觀察者處於某種適當位置，他就能
得出諸如此類的觀察結論。預言的條件有時
顯而易見，又極有可能付諸實施，以致無需
特別提及。舉例來說，24小時內可觀察到太陽
升起，這預言是無條件的，並不要求實施任
何特別的作用。但這種情況也包含否定的條
件。即他／她不會把自己放入不能看見太陽
出現的環境裏，如把自己禁閉在煤礦礦坑深
處。

　　然而，其它預言顯然是有條件的。在這
樣的情況下，對任何一個人來說，要證實討
論中的陳述，他／她必須經歷一些特別的行
爲過程。希克說：「預言意味著效果：如果
你走進隔壁房間，就有這樣那樣的視覺經
驗；如果接著觸摸你見到的桌子，你就有這
樣那樣的觸覺經驗。」，「如果」從句子的
內容看，總是由特定的主體對象決定的。
「桌子」的邏輯決定了你必須證實的關於桌
子陳述的內容；「分子」的邏輯決定了你必

須證實的關於分子陳述的內容；而上帝的邏
輯決定了你必須證實的關於上帝陳述的內
容。

　　一般而言，證實與證偽是相互對稱的。
在特定情況下，如果A發生，表明假設爲眞；
如果B發生，就表明假設爲偽。證實和證偽在
檢驗像命題「隔壁房間有一張桌子」時也是
相對稱的關係。在上述例子中，一個人走進
隔壁房間是個條件，證實的經驗都是看和摸
的經驗，即討論該命題中必須有的預言，而
在其它環境中，這種經驗的缺乏足以證偽該
命題。但希克指出，證實和證偽總以相互對
稱的方式聯繫在一起這個結論是輕率的。它
們並不像一個硬幣的兩個面，不是倒在這邊
就是倒在那邊。例如，在π的十進位定值中，
有三個連續的7。就現已計算出來的π值而
論，並不包含連續的三個7；可是，演算可無
限制地進行下去，誰能否定不會出現三個連
續的7。因此，如果命題爲眞，總有一天可以
證實；但如果命題爲假，則永遠不能證偽。

　　意識到肉體死亡後的存在也爲這種不對
稱的關係提供一個例子，並且和有神論直接
相關。一個人在其肉體死亡後，還具有意識
的體驗，其中包括回憶那次死亡的體驗，這
是一個這樣的預言；如果它爲眞，就會在人
自己的體驗中得到證實；如果爲假，就不可
能得到證僞，因爲沒有人會在經驗上證實
它。

　　希克一方面肯定邏輯實證主義證實的基
本原則，同時又修正了證實觀念。他認爲他
所闡述的證實特徵是可以運用於末世論證實
概念的。但在實際運用之前，先考察一下同
時代其他哲學家在這方面所做的有益工作。

　　同樣的事實不同的陳述，這是對邏輯實
證主義「可證實性原則」的修正。它首先由
威茲德姆（John Wisdom）運用於神學命
題。他採用了著名的關於園丁的寓言：「諸
如上帝存在這樣的假設，起初可能是經驗假
設，後來才逐漸成爲完全不同的另一回事。
從下面這則故事我們可以看出這究竟是如何

發生的：有兩個人回到他們長期無人照管的花園，在雜草叢中發現有幾株原先種的花長得生機勃勃，他們都大爲驚奇。甲對乙說：『一定是有位園丁來照管過這幾株花。』經詢問，沒有鄰居見有人在園裏幹過活。甲說：『園丁一定是在人們睡覺時幹的活。』乙說：『不對，有人會聽見的，再說喜愛這幾株花的人不會讓雜草叢生。』甲說：『瞧這些花佈置得井井有條，這有目的性，有種美感。我相信有人來，只不過是一個凡人的眼睛看不見罷了。我相信我們搜尋得越細緻，就會發現越多的證據來證實我說的話。』於是他們仔細搜尋，有時發現一些新線索說明有園丁來，有時又發現一些線索說明沒有園丁來，甚至說明有個存心不良的傢伙來做過活。除了仔細檢查自己的花園外，他們還觀察其他沒人照管的花園情況如何。結果，當這一切做完之後，甲說：『我還是相信有園丁來』，而乙卻說：『我相信沒有』。他們的分歧不在於他們的花園裏已經

發生的變化，不在於他們進一步搜尋將會發
現的東西，也不在於無人照管的花園淪為荒
蕪會有多快。這種場合下，關於園丁的假設
已不再是經驗假設，兩人的承認和否認該假
設的分歧已不在一個料想得到而另一人卻料
想不到的問題上。那麼，他們的分歧究竟是
什麼呢？甲說：『有園丁來，但沒有人見過
他聽見過他。他用自己的工作表明自己來
過，而這些工作是大家熟知的。』而乙說：
『沒有園丁來』，所以除了他們關於園丁所
說的話有分歧外，還存在另一種分歧：事實
沒有什麼不同，但他們對花園的感受卻不一
樣。」⑤

威茲德姆常常強調上帝的存在不是一個
經驗問題，關於經驗的事實或關於預期在未
來可以觀察到的任何東西，有神論者與無神
論者並無分歧。事實都是一樣的，沒有什麼
是隱蔽著的，新的證據、新的觀察方法並不
能解決他們之間的分歧，問題在於他們對觀
察事實、觀察對象的經驗方式不同。顯然，

他們雙方都以他們的不同方式實實在在地對
世界產生感受。但希克說，感受和表達並不
構成對世界的陳述。因此，各種宗教本質上
不是眞假問題，倒是好壞的價值問題。根據
威茲德姆的見解，對抗的雙方沒有一方的說
法是可證實的。

　　證實的觀念無法澄淸問題，那麼證僞的
觀念是否就能澄淸問題呢？哲理神學家弗盧
（A. Flew）提出這樣的詰難：「在沒有宗
教信仰的人看來，情況似乎常常是：彷彿沒
有任何可以設想的事情或事件系列，其發生
會被老練的宗敎信徒們接受爲承認『沒有上
帝』或『上帝不愛我們』的足夠理由。有人
告訴我們說，上帝愛我們，正如父親愛孩子，
我們就放心了。可是我們看到一個孩子，由
於無法動手術的喉癌而瀕臨死亡。他的父親
都快發瘋了，但他的在天之父卻未顯示出任
何明顯的關切跡象。於是就形成了某種說法
──上帝之愛『不是一種純粹的人類之愛』
或者也許說，這是『一種不可測透的愛』

——我們就明白了：這類苦難是可以同『上帝愛我們，正如父親（可是，當然啦…）』這個斷言的眞實性相容的。我們又一次放心了。但是，我們也許會問，關於上帝的（適當地加以限定的）愛的這種保證，有什麼價值呢？這種明確的保證實在是針對什麼而產生的呢？究竟要發生什麼事，才不僅僅是（有道德地或邪惡地）考驗我們，而且（合乎邏輯地、正確地）使我們能夠說『上帝不愛我們』甚至說『上帝不存在』呢？因此我要提出……這個簡單的核心問題：『對你來說，要否定上帝之愛或上帝不存在，必須發生什麼事或發生過什麼才行呢！』」⑥

　　對於弗盧提出的詰難，希克介紹了兩條解決的出路，一種是非認知主義者的回答，體現於赫爾（R. M. Hare）的blick概念和布雷斯韋特（R. B. Braithwaite）把宗教信仰當作一種按某種倫理模式生活的意義的僞裝表達。另一種是認知主義者的回答，米契爾（Basil　Mitchell）和克龍比（Ian

Crombie）從不同方面作了系統表述。底下
我們著重考察赫爾和米契爾的解決方式。

　　赫爾認為，沒有東西可以從根本上反駁
宗教信念，因此它們不能恰當地歸入真或僞
這一類命題。這種不可反駁性便是這些宗教
信念的性質。赫爾稱這些信念為blicks，一個
blick就是對一個人的經驗的不可證實又不
可證僞的解釋。他舉例說，假如一瘋子相信
某所學院裏所有教授都想謀害他。那麼，試
圖藉由向他介紹一大批親切有禮的教授來減
輕他的懷疑，那是不可能的，因為他只會從
教授所表現出來的友好態度中看到一種尤為
迂迴曲折的狡猾奸詐。由於他持這種信念方
式，因此不可能接受經驗的證實。赫爾認為
每一項論證都必然有兩個方面；我們都有一
種blick，而不是根本沒有blick，只是瘋子對
教授持有一種不健全的blick，其他人則持有
健全的blick。赫爾的blick既不可證實也不可
證僞，也就無法作出正確與錯誤、健全與不
健全、理智與不理智的區分。其blick概念並

沒有回答弗盧的詰難，他自己也承認這點。

　　牛津哲學家米契爾則用一則寓言表明，宗教信念即使不可直接證實或證偽，但實際上仍具有真正的事實性。他說：「戰爭年代的一個晚上，在一個被占領的國家，一位抵抗力量的成員碰見了一位陌生人，他們在交談中渡過了那個夜晚，陌生人告訴這位游擊隊員無論發生什麼事都要相信他，他是站在抵抗力量一邊的，而且還是抵抗力量的指揮官。這位游擊隊員完全相信了陌生人的誠意和堅貞，並保證信賴他。

　　「此後他們再也沒有親密地在一起過。人們有時候看見陌生人在幫助抵抗力量的成員，這時游擊隊員就滿意地對自己的朋友說：『他站在我們這邊』」。

　　「有時候人們也看見他身穿警服，把愛國者交給占領軍，這時，游擊隊員的朋友就嘀嘀咕咕地說他的壞話，但他仍然說：『他站在我們這邊』。他不顧這些表面跡象，仍然信賴他。他有時要求陌生人幫助並得到了

幫助，他很感激，有時沒得到幫助，他會說：
『陌生人最精明』。他的朋友被激怒了，質
問說：『那麼，他將做出什麼事你才會承認
自己錯了，承認他不是站在我們這邊？』但
這位游擊隊員拒絕回答。他不同意考驗陌生
人。爲此他的朋友抱怨說：『得啦！如果你
說的他站在我們這邊就是指這種事，那麼他
越早投到那邊去越好。』」⑦

　　米契爾認爲，表面上看陌生人的行爲時
常動搖著游擊隊員的信任，但他堅信：對陌
生人曖昧不明的行爲，可以找到令人滿意的
解釋。正是在這點上，米契爾的寓言不同於
赫爾的。因爲游擊隊員承認有許多事情的確
與他的信念相衝突，而那位對大學敎授懷有
blick的瘋子，則不承認有什麼東西與自己的
blick相衝突。另外，游擊隊員有一條理由使
他從開始就相信陌生人，這就是陌生人的人
格。米契爾的寓言直接關注事實問題，而這
些是可以查明的，最終會眞相大白。

　　上述兩類解決弗盧詰難的方式，都或隱

或顯地將其進一步的發展指向了末世論證實
的觀念。希克指出，末世論證實觀念的力量
在於：它不是一個特別的發明，而是建立在
實際有效的宗教的上帝觀念之上。「上帝」
一詞在基督教信仰的語言中處於術語系統如
恩典、邏各斯、道成肉身、三位一體、天國
等的核心。獨特的基督教上帝概念只有和這
些術語相聯繫時才能完全把握。它屬於共同
構成我們生活的宇宙圖景的觀念複合體，屬
於和人類相互作用的可理解的神聖目的，以
及屬於那神聖目的最終實現的一般性質。基
督教的這一宇宙圖景完全不同於不相信《新
約》中上帝存在的人所接受的任何宇宙圖
景；而且，這種差異表現在人類經驗之中。
末世論證實的主旨在於：有關宇宙的以及有
關人的生命延續之情形的有神論概念能夠得
到經驗證實。希克運用一個寓言來表達末世
論證實的基本觀念：

　　「兩個人在一條路上結伴旅行。其中一
位相信這條路通往天國，而另一位則認為它

哪裏也到不了；但只有這麼一條路，兩人都必須順著它走。誰也不曾走過這條路，因此誰也無法說出他們在下一個拐角會遇到什麼。旅途中，他們既有快樂怡適，也有艱難困苦。兩人之中，一位始終認為這是通往天國的朝聖之旅，因而把旅途中的快樂理解為鼓勵，把重重艱險看作對他意願的考驗和忍耐力的訓練，這些艱難險阻是天國之主預備好的，可以使他最終到達天國時成為一名合格的公民。而另一位則根本不信這套，他把這趟旅行看作一趟非走不可又毫無目標的漫遊。由於他在此事上毫無選擇，因此只能享其樂忍其苦。在他看來，根本不存在什麼將要抵達的天國，也不曾有什麼規劃其旅途的包容一切的旨意；唯有此路本身及路途上依天氣好壞而定的僥倖。」

「兩人在途中的爭論，不是路上即將面臨的情況，而是對最後終點有著不同的期待。因此，兩人的爭論雖然無法依實驗解決，但卻是一個真實的問題，因為當他們轉過最

後一個拐角，孰是孰非將斷然分明。他們對路途的相反解釋構成了相互競爭的斷言，這類斷言有一種特性，即其地位要靠未來一項事件回溯過來加以保證。」⑧

希克指出，這一寓言僅僅要表明一點，基督教教義闡述了一種在終極之處存在的最終明確的狀態，也闡明了途中存在的目前不明確的狀態。對有神論來說，這一寓言足以在有神論和無神論之間提供一種真正的而不僅僅是空洞的選擇。儘管選擇不影響情景的邏輯，可供選擇的解釋不只是理論的，還有不同的實踐方式與合適的策略。

有神論者和無神論者所設想的宇宙不同，他們之間的差異不包括每一個觀察內容中的差異，他們不對從內部看的歷史過程持有不同期待，也不在現世期待發生不同事件，希克指出，他們對未來持有完全不同的期待。有神論的末世論證實僅當連續的個體死後生命成為可能才能弄明白。死後生命是否延續是一個身心關係問題。如果靈魂和身

體沒有什麼區別，那麼也就不存在身體死後存活的問題了。希臘哲學認為身體會毀滅，靈魂存活，而基督教不僅相信靈魂存活而且相信肉身復活。

保羅被認為是聖經肉身復活的主要解釋者。希克把他的思想理解為：當某人已死，除非有特別的神性行為，他就滅絕。人類本性必死，但由於最高權能的干預，偶爾或一直復活，或重新構成、重新創造。但這和他死亡之前的有機體不同，而是作為一個「靈體」體現著的特質以及已死的物理有機體的記憶痕跡。希克主張放棄「靈體」一詞，因為他缺乏當代確切規範的用法，另外還有「復活的肉身」與「復活的世界」等。這裏存在的問題是，物質世界和復活世界的關係以及在斷言復活世界的某一位居民和曾經居住在這世界上的一個人是同一位的標準是什麼？

希克從後一問題到前一問題，把研究推向得更深入。他向我們設置了三幅圖景：

　　第一幅圖景：假如在英格蘭的一次學術
會議上，一個同伴突然失踪，同時他的精確
的複製品又突然在澳大利亞的一次學術會議
上出現。他們的身體和精神特徵都相似，這
位複製品也把自己看作是那位失踪者。這是
「同一人」的一種情形。

　　第二幅圖景：假如在英格蘭的事件不是
失踪而是猝死，同時與他一樣的複製品在澳
大利亞出現。我們再次把他們視為同一人，
這是「同一人」的又一種情形。

　　第三幅圖景：具有完全一樣的記憶等特
徵的複製品出現了，但在一個不同的世界出
現，這是個復活世界，居住著復活的人。這
一世界占有自己的空間，不同於我們熟知的
空間。如×先生的復活品，由其它材料構成，
不同於有形物質，他落在復活世界，但不處
於和物理世界的空間關係之中。

　　在這種情況下，×先生如何知道自己復
活或重新被創造了？希克認為可以知道。×
先生遇見並認識許多死去的親戚朋友和他知

道的歷史人物，透過他們臨在的事實，以及
透過他僅僅出現在他們世界上的證據，他自
然相信已死，並證明是死去的╳的複製品。
當然，可以想像到，復活世界的空間所擁有
的屬性明顯和物理世界的空間之屬性相容，
但它擁有物理空間所沒有的屬性，這是本質
所在。

　　就有神論而言，來生本質上是目前生命
的延續，這和存活概念相容，但在宗教上並
未明確使人信服，因此希克認爲，這種存活
的預言包含在基督敎信仰中，原則上依賴於
未來的證實。在這種情況下，肉體死後的存
活絲毫也不構成有神論信仰的最後證實。希
克於是把問題的核心轉變爲一個人能否設想
足以證實有神論的死後經驗。

　　希克非常自信，但他並不求助於傳統敎
義，尤其是天主敎和神秘主義神學所描述的
至福直觀敎義。他要轉向更易理解的可能性
研究。這種可能性不是一種上帝直接呈現的
可能性，而是明確指向仁愛上帝的存在。就

宗教上講，這是一種和我們目前環境相對照
的環境。如果意識到這一點，就會有某種觀
念（儘管模糊），它對我們的環境來說不是
模糊的，能全然地顯明上帝。

希克抓住這一點，進一步闡明這一宗教
上明確的處境概念。他認為，如果我們的一
個經驗與另一個經驗不管在今生還是來世有
聯繫，它們有兩個可能的發展，也就使我們
超越對上帝存在的合理懷疑。這有兩點，第
一，在基督教啟示中揭示的上帝為我們的目
的之應許的體驗；第二，與前者相關的是和
上帝溝通的經驗，因為上帝已在基督裏啟示
了自己。

對前一點，希克依據新的文獻。上帝創
造人，是要創造「上帝的兒女」，分有上帝
永恆的生命，這是人生的目的。關於這點，
人們可以談很多，但同時誰也不敢自稱事先
就已知道這條實現之路。這情形就類似於小
孩期望成長，之後又回過頭來看看自己的童
年。孩子擁有並能使用「成長」這一概念，

儘管他對成長意味著什麼並不十分清楚。只有當他成年了，無疑能夠知道自己已成年，認識到成長的經驗。可以想像上帝對人類生命目的的應許與這處境相類似。這種應許距我們目前狀況之遙遠正如成年距一個小孩之遙遠。但隨著我們對它的接近，這最終應許的概念也將由模糊逐漸變得清晰，當我們最終達到這種應許時，問題也將消失在這一進程之中。

對於第二點，希克訴諸於基督教。因為上帝已在基督中啓示了他自己。但上帝與人的溝通何以可能，這是一個困難。希克在〈神學與證實〉一文中指出：「基督教神學用各種抽象性的言詞來描述上帝，如全能、全在、全善、無限的愛，這些特性本身我們是無法觀察到的，儘管我們能夠觀察到有限的力量、局部的存在、有限的善和人類之愛等等有限的類似物。一個人能夠認識他所『遭遇』的存在物具有某種既定的有限的力量，但他如何認識一個存在物無限的力量

呢？一個人如何觀察出所遭遇的存在物是全
能的呢？一個人如何知覺到他的善和愛
——一個人或許可以領會它們超越任何人類
的善與愛——的確是無限的呢？人類經驗無
法獲得這樣一種特性。」⑨

確實，有限的人無法把握無限的上帝。
希克於是又重申：「我們所思考的末世論證
實的命題不是『上帝存在』。因為這等於將
上帝的存在當作一個孤立的受限制的事實。
我們尋求證實的是有關宇宙的進程的有神論
及其解釋之真實性。」⑩

希克認為，這種證實體現在諸如對宇宙
特徵的有神論的說明以及對歷史中發生事件
的有神論說明上。這一命題沒有繞過上帝存
在問題，因為在此範圍內提出一個「有神
論」意義上的描述就要涉及上帝。作為超越
的無限的上帝，當然不是認識所能達到的，
但上帝對人類的溝通與作用並不是無限的，
而是有限的，因此，用以證實有關宇宙以及
宇宙內發生事件之真理的末世情況不必承擔

證實上帝屬性之無限性這一無法企及的任務，但足以肩負較爲有限的確證任務，即確證宇宙歷史正通往上帝展現的宇宙之終極狀態。我們對上帝無限性的信仰依賴於一位導師，即基督的權威所啓示的眞理，其眞理性會在末世情境中得到確證。希克早年的觀點表述爲，「我們對上帝之無限存在的信仰無法得到觀察證實，因爲這超越了人類的經驗範圍，但透過排除對基督權威的合理懷疑，這種信仰能夠得以間接證實。對聖父之國中聖子權能的體驗將確證這種權威，並以此間接地確證耶穌關於無限超越性這一上帝特徵的教義之有效性。」⑪

　　目前，希克對這一表達作了兩點修正：第一，不將討論侷限在排外性的基督教範圍，不再視耶穌爲上帝的唯一啓示，因而沒把他的教義視爲我們關於上帝本質知識的唯一源泉；第二，我們不清楚耶穌是否確實論及上帝的無限性。他自己生活在上帝的臨在中，似乎沒有任何證據表明他有必要論及上

帝的無限性問題。

　　最後，人對上帝的認識是建立在神對人的恩典與啓示之上的。上帝和人在基督裏的合一使得認識上帝的應許成爲可能。希克的觀點後來又被擴展了，即上帝和人的合一不僅僅發生在基督裏，另外，對上帝的理解也發生了變化，這裏不再展開論述。

　　希克認爲，即使承認應許的天國以及基督是新時代統治之主，這對證明上帝的實在性又有何用？經驗主義傳統認爲，一個命題是一個分析的眞理，這只會產生混亂，因此，希克強調了歷史的重要性，指出基督教對基督其人是否有眞正的認識這是關鍵，也即基督教傳統是否提供完全眞實的圖景和基督特徵。如果這個前提成立，道成肉身、耶穌的神聖敎導都成爲自然而然的事了。

　　然而歷史的模糊使得這個問題成爲必要：我們在向誰證實有神論？希克並未向所有人證實有神論的合理性，他認爲信仰者必定在其信仰中得到確證，而不信者則從他的

懷疑中得到肯定。

　　上面提到過，一個可證實的預言可能是附加條件的。例如「隔壁房間有一張桌子」包合這個條件，就是「走進隔壁房間」，但沒有人強迫他這樣做。希克認為，人類關於上帝存在的預言也可能是有條件的預言，並且也沒有強迫人們去應許這些條件。大部分神學都強調，神自我揭示的方式是尊重作為個體和負責任的人類之地位，絕不強迫。因此，對人的本性的目的最後應許之經驗的有神論證實，只能由那些透過有神論認知模式而獲得上帝意識的人體驗到。

　　如果是這樣，也就是說只有有神論的信仰者才能找到其信仰的證實，對無神論者來說，則是不可能的。

註釋

①筆者在這方面的研究，可參見：《對神懸疑
　　——論古希臘羅馬的懷疑主義神學》，載《道
　　風》（香港）1994。

②譯文參見北大哲學等譯，《西方哲學原著選
　　讀》（上），北京1981，第241頁。

③Thomas Aquinas，《神學大全》Ⅰ：2：3，中
　　譯參傅東安《托馬斯·阿奎那基督教哲學》，上
　　海1990，第64頁。

④Thomas Aquinas，《神學大全》Ⅰ：2：3。中
　　譯參《西方哲學原著選讀》，北京1981，第
　　262－263頁。

⑤John Wisdom，「神祇」，載A. Flew，《邏輯
　　與語言》卷1，Oxford 1951，第192－193頁。

⑥轉引Hick，《宗教哲學》，第193-194頁。

⑦轉引利奇蒙德著，朱代強、孫善玲譯，《神學與
　　形而上學》，四川1990，第87－88頁。

⑧John Hick，《信仰與知識》，London 1988（二

版），第177－178頁。

⑨B. Mitchell編，《宗教哲學》，London 1971，
第68頁。

⑩John　Hick，《多元宗教諸問題》，London
1985，第116頁。

⑪B. Mitchell編，《宗教哲學》，London 1971，
第69頁。

第三章
知識問題

一、透鏡與經驗

　　宗教知識論要研究宗教信仰的性質。它不是要研究上帝本身，而是要研究人們經驗中的上帝。宗教經驗包含在人們的經驗中，因此，我們首先要了解經驗之涵義。

　　希克認為，經驗總是關於一個意識的或者與意識共同體有關；經驗所意識到的意義被理解為與某種行為相對應的處境特徵，而不是一種行為或行為傾向的特徵。經驗可以定義為「被認識（或誤識）的對象或處境之特徵」，而對象或處境之特徵就是指處於某種特定的傾向狀態。可見，經驗和處境（situation）密不可分。處境是一個關係概念，它的涵義不是各個對象意義的總和，而是一種整合，比各個對象意義之和要大得多。

　　希克把維根斯坦的「看作」（seeingas）引入其經驗理論中，形成獨特見解。維根斯坦在《哲學研究》第二部分論述了「看」（see）一詞的兩種用法：假如我看到一幅圖畫，比方說一張臉譜畫，一是我看到了自然呈現在紙上的墨汁堆，它有某種形狀、尺寸、厚度與位置；一是我看到了「臉譜畫」。在後一種涵義中，「看」就是解釋或發現呈現在我們眼前的圖畫中的意義，即把墨汁堆解釋成或者理解成具有我們所描述的臉譜畫的特殊意義。由此可見，兩者有著本質的區別，第一種涵義不存在解釋性活動，而第二種涵義在前者基礎上加入了解釋活動，在「看作」的思維因素中，混雜著單純的「看」（seeing），即我們一邊看一邊解釋。當我們把鴨兔圖看作鴨子又看作兔子時，這些不同的面相對我們的閃現似乎一半是視覺經驗，一半是思想。

　　希克把維根斯坦的「看作」概念從僅僅以視覺為基礎擴展為「體驗為」（experiencing－as）的綜合性概念，因為意義的發

現不僅僅透過視覺。例如我們可以把一種聲音聽成火車經過的聲音；把竹子當木頭來感覺；把霧當作煙來聞。在日常的處境知覺中，幾個感官往往同時運用，而「體驗為」則能更好地指代對世界多向度的意識。我們的一切經驗都是一種「體驗為」，即便是對一些最日常最簡單、根本不需一個中介認知過程的對象的經驗也是一種「體驗為」。例如我們把叉子給一個石器時代的未開化的人看，他／她不會把它看作叉子，因為他／她缺乏叉子的概念，也許會把它體驗為完全令人迷惑的東西，甚至是某種可怕的東西。而我們不必思考就會認為這是一把叉子。人們之所以對同一個對象會產生不同的認知，甚至截然相反，其主要原因就在於：認知是一個文化概念。當我們把同一對象不同的認知放入——語言學系統中時，這些不同的、相反的結論也就得到了合理的解釋，從而也證明了一切經驗都是「體驗為」的理論之合理性。

　　希克把人類經驗分爲三層：自然經驗、
社會經驗和宗敎經驗。相對地，經驗的意義
也分爲三層：自然意義、社會倫理意義和宗
敎意義。我們的各種意識之模式都是「體驗
爲」的模式。我們把面前的東西或者周圍的
處境體驗爲擁有這種或者那種意義，這對我
們以這種或那種方式與之發生關係的行爲來
說是合適的。在生活中，我們不僅對自然對
象和自然環境作出反應，也對他人與社會環
境作出反應。

　　一個人，我們可以從自然層面來看待，
把他單純地理解爲中性的存在，絲毫不帶情
感色彩，就彷彿一棵樹、一塊石塊。而事實
上，他／她在你心中喚起的絕不是物一樣的
存在，而是一種人格的存在。兩者的區別在
於：前者是一種技術，爲了自己的目的去操
縱對象的機能，後者傾向道德，負責地把他
人視爲人。這兩種傾向與兩個意義層面有
關，人類同時生活在這兩個層面上。在自然
意義的層面，我們的認知自由非常有限，絕

不是康德所講的人爲自然立法，而是自然要人去適應它。在道德或人格的層面，人有很大的認知自由，在宗教層面，人的自由則更大。

經驗是意識內容的表現形式，希克把它劃分爲兩類：意向性的經驗和非意向性的經驗。他認爲所有意向性的經驗不管在自然、社會還是宗教層面，不管任何形式，都是「體驗爲」的經驗。例如生活在上帝臨在中的感覺、視日常生活的意識爲「無明」、視聖典爲上帝的聖言或是寂滅法（sanātana dharma）、視特殊事件爲神聖事件或者業報活動等等，這些宗教經驗都是一種「體驗爲」的具體表現。宗教經驗世代相傳，可以說成爲教徒的整體經驗。作爲一名教徒，其一切經驗都表現爲宗教經驗。拯救／解脫的獲得有漸進也有突發的，當這些發生時，經驗者和世界都被改變，但改變可以發生在不同層面上，常人往往有偶爾一瞬的體驗，短暫而微弱，但聖人、先知、大雄、古魯、阿

羅漢、菩薩卻能強烈而持久地體驗到這種新的經驗模式，對自身、對世界的看法之改變也是一貫的、不同尋常的。

在希伯來聖經中，一個特別的歷史線索完全是用宗教術語來描述的：一群異國的奴隸自埃及逃離，在西奈山沙漠漂泊，最後又在迦南地安居，以及後來的民族團結和被異族征服，所有這一切都被描述爲耶和華神和他的選民的交往。以色列人的政治起伏被視爲他們忠與不忠的鼓勵和懲罰。這些被看作是希伯來歷史的先知性解釋。但這種解釋不是一個理論性的解釋，不是一種追溯性地強加在以往事件之上的歷史先驗圖式，它在先知們自己的體驗和對事件意義的宣揚中有其自身的起源，並且這些事件在他們周圍也經常發生。希克多次舉到這麼一個例子，在耶利米時代，當敵方的加勒底軍隊入侵耶路撒冷時，先知耶利米就把它看作是耶和華神利用外來的力量懲罰步入迷途的人民，他在密集的加勒底士兵的後面，看到耶和華爲他們

而抗爭的形式。希克認為，這並不是說耶利米確實看到了耶和華的可見形象，而是把所發生的事件「體驗為」具有宗教意義的神聖懲罰。

相同的認識論模式也適用於反映在《新約》中的早期基督徒經驗。當他們放下日常的生活方式去追隨能施行神蹟又傳達天國訊息的耶穌時，這些門徒顯然把耶穌體驗為一位先知，而且是最後一位先知。這位先知要求人們為準備天國的來臨而悔改，過一種全新的生活。不久又把他奉為基督。有一點也許永遠是個謎——歷史上的耶穌本人是否接受自己為彌賽亞？我們只是透過福音書才知道這一點，並形成基督教的概念。希克指出，這一概念是對原初希伯來語的詞源意義的擴展。大約在四世紀，「基督」一詞特指上帝獨生子，三位中的第二位。這已帶有後來基督教的色彩，如今，耶穌又被當作宇宙基督（the cosmic Christ）來崇拜。但事實上，在耶穌時代，人們對他就有不同的體驗，有

人把他看作異端拉比或是政治鼓動家等。因
此，耶穌的意義並不依賴於我們表面上所見
到的，還有把耶穌「體驗為」彌賽亞或基督
的基督徒的宗教解釋。

可見，基督教傳統的宗教經驗是一種
「體驗為」；同樣，佛教傳統的宗教經驗也
是一種「體驗為」。正如鈴木大拙所說，禪
宗的本質在於對生命與萬物在總體上獲得一
種新的概念。當人們以一種方式體驗時，世
界的過程即輪迴、生命之流、死亡與再生；
但用另一種方式體驗時，世界過程即涅槃。

視輪迴和涅槃為同一的關鍵在於「開
悟」（satori）。鈴木大拙把開悟定義為對
事物性質的直覺性窺視，與事物分析性或邏
輯推理形成對比。實踐上，它意味著一個新
世界的呈現，這不為受二元論思想薰陶的人
所認識。覺悟者完全從意想不到的知覺角度
看待整個世界，世界已不再是我們常人眼中
的世界；儘管一切依舊。對他們來說，鳥語
花香、溪水潺潺與草木枯萎、萬物孤寂沒什

麼分別，一切的對立和矛盾都已消失，融合成一個持續的有機整體。這彷彿是個奇蹟，簡直不可思議，但對覺悟者而言，這種現象與你每天同在。鈴木大拙稱這從宗教上講是獲得新生；而從理智上講，是獲得一種新觀念。可見，開悟就是從一種經驗模式向另一種經驗模式，從輪迴向涅槃的突變；根據佛教的觀點，涅槃的模式可在純粹化的人類意識中出現。

綜上所述，各種類型的宗教經驗都是一種「體驗為」，在此基礎上我們來考察宗教信仰。希克所說的宗教信仰，是指對意識經驗非強迫的主觀作用，它是造成獨特的宗教特徵之原因。宗教信仰和認知自由關係密切。如前所述，在自然層面，人帶有被動性，不是自然順從人，而是相反。如果違背自然法則，那麼最後的結果可能就是毀滅。因此，人的認知自由很小。但在社會倫理層面，認知自由就相對較大，從邏輯上講，道德意義是疊加在自然意義之上並滲透其中，超乎自

然意義之上的。在宗教層面，認知自由最大，
能僅僅透過自然主義世界觀這一過濾器進入
意識內容。這一層面的認知自由與實體方面
對我們更大的要求有關。因為實體不僅是產
生我們道德範疇的人類生活的終極基礎，而
且是根本上超越自我的宗教要求或挑戰。

　　實體的臨在不被人直接認識，而是人類
根據自己的文化概念以非強迫的潛意識的方
式對實體作出的回應。對實體作出回應是認
知自由的表現，拒斥回應也同樣是認知自由
的表現。拒斥到了極端就是否認超越性的實
體，對一切現象只作出自然主義的解答。在
宗教傳統中，並不全是積極的回應，也有部
分拒斥，更確切地說，不同宗教傳統為自己
提供一套窺探實體的概念系統，傳統中的個
體潛意識也是非強迫地利用其中的概念系統
去把握實體。希克指出，任何傳統都有自身
的視界，無法全方位地把握實體，即便每一
傳統的認識之和也非對實體本身的認識。傳
統就像是一面透鏡，把實體分解成五顏六色

的光芒，每一傳統都染上該傳統的色彩，人
們看到的只是實體的一個側面，而不是全
部。宗教傳統包括上帝或絕對的概念，還有
教義系統、儀式、神話、藝術形式、道德法
則、生活方式和社會組織模式，它們植根於
社會生活，形成人類文化的本質內容，也可
以看作「過濾器」或「電阻」，作為整體起
著調整作用，改變著人們對實體的回應。

二、三足鼎立

　　宗教信仰是宗教經驗的前提，宗教經驗
是宗教信仰的基礎，但兩者並無明確的界
線，我們有必要進一步追問宗教信仰僅僅是
人類心靈的創造還是對上帝自身（實體）的
回應。可能的答案主要有三：

　　1.宗教信仰是對上帝自身的真實回應，

這是宗教素樸實在論的觀點。

2.宗教信仰不是對上帝自身的回應，生活中根本不存在上帝，人們所說的上帝只是人的精神觀念的投射，這是宗教反實在論的觀點。

3.宗教信仰是對上帝自身的回應，但受到不同文化傳統的制約，這是宗教批判實在論的觀點。

在現實中，上述三種觀點基本上持三足鼎立之勢。當然，對每一個宗教傳統而言，它們持宗教素樸實在論的立場，認為宗教語言所陳述的內容就是這種語言字面所闡明的意思。所謂字面意義，就是直接的而非隱喻的或神話的意義。譬如傳統基督教認為《創世紀》第1－3章內容具有權威性，人類的始祖就是亞當、夏娃，他們一同住在伊甸園，直至被逐出。但宗教批判實在論則視之為神話故事，是在描述道德與靈性的無秩序。又如宗教素樸實在論認為，天父看著我們，而

宗教批判實在論則認爲可以採取多種形式。例如，這種形式把耶和華視爲特別的歷史人物，是終極實在和文化上特別的猶太人思想的共同結晶。他原先是部落戰神，後來發展成至上神，是神性的臨在和人類的投射相結合的產物。依此類推，有神論中如耶穌所宣講的天父、《可蘭經》中的阿拉、印度教中的濕婆、毗濕努等，以及非有神論中非人格的梵、法身、道等，都可作同樣的理解。與它們對立的宗教反實在論則作了全盤否定。

在對宗教語言的實在論和反實在論解釋的闡述中，在此先來釐清幾個問題：

一是歷史問題，即在宗教傳統中解釋符合宗教語言運用者意圖的問題。希克注意到，宗教表述包括許多非認知性的語言運用，如感嘆、命令、告誡、履行等，但核心的宗教陳述，如「上帝愛人」、「《可蘭經》是眞主之言」、「阿特曼是梵」、「輪迴與涅槃同一」等通常是認知性的。儘管我們不能進入以往宗教人物的心裏，也不能進

入一個世紀又一個世紀以來一般信徒的心
裏，但我們仍能清楚地認識到他們，通常是
以實在論的方式理解自己與他人的核心宗教
語言。希克認爲，這一點旣適用於有神論又
適用於非有神論。在有神論傳統中，談神
（God－talk）總是被認知性地理解的。例
如基督徒論及聖經、禮儀和信經的語言時，
他們指向的是實實在在的對象——上帝。根
據宗教的批判實在論立場，上述的陳述並不
是在日常中起作用的世俗的話語，上帝的愛
在性質上可能不等同於人類之愛；眞主之言
並不是字面上所說的話等等。不管怎樣，上
述兩種思維方式都可表述超乎我們思維的東
西。因此，宗教實在論與反實在論所爭論的
問題不是字面的、單義的運用，而是隱喻的、
神話的類比的運用之問題。

　　相比之下，當今的反實在論解釋根本上
不同於它們。有的宗教反實在論者傾向於否
定宗教語言指稱之實在性，透過語言分析揭
示出宗教語言中的誤用；也有的是從宗教語

言本身的發展來考察，認爲當代人堅持傳統的宗教實在論立場是難以置信的。但是從希克的觀點來看，不管是宗教徒亦或者是非宗教徒，基本上承認宗教的核心語言是有指稱的，是認知性的。

另一個問題是，宗教陳述是否是一個邏輯錯誤？希克自五〇年代起就一直關注這個問題。本世紀二、三〇年代邏輯實證主義企圖建立一個嚴格的意義證實標準，但沒有成功。不過希克相信邏輯實證主義的基本洞見是富有啓發、行之有效的。它堅持經驗主義原則——存在即有差別。×存在就是處於包括×的狀態而不是排斥×的狀態。證實是由×存在所造成的經驗差異的可理解性決定的。觀察×存在的世界特徵也即證實×存在，而觀察到與×存在不相容的世界特徵也即證僞×存在。我們通常不能證實一個人的道德品質，如A先生是一位善良的人，也無法證實涉及範圍廣泛的科學理論，如進化論、宇宙膨脹理論。但我們卻可以間接的方式證

明，即當理性的懷疑證據被排除時，命題也
就得到了證實。

　　希克把這一證實原則運用於談論上帝的
問題。上帝的問題無法直接證實，必定是間
接的證實。在猶太敎──基督敎──伊斯蘭
敎傳統中，上帝是無限的，但上帝的無限性
無法爲有限的觀察者觀察和體驗到，我們只
能觀察或體驗有限的力量、善、愛和智慧，
卻無法去觀察或體驗無限的品性本身。但我
們對有限品性的體驗可以不斷積累和世代相
傳，根據一神論觀點，時間是一個向度的、
線性的，有起點也有終點，人類的朝聖最終
會走向神國、天堂、永生、樂園、新天新地。
宗敎批判實在論思想可以注入末世論的理
解。例如天堂的觀念從根本上說是超乎人類
一切可能之想像的，但人類對上帝創造物之
愛的無限延伸足以使人們體驗到，人類對上
帝存在的理性懷疑將被拋棄，對世界理解的
含混性也被超越。但人們對任何處境的意識
也可能都是虛幻的，希克無法在邏輯上否定

這點，也許體驗到連續的神聖臨在以及持續與上帝快樂相處最終也會是空歡喜一場。但希克試圖闡明一點，如果一個人接受了有神論的宇宙圖景，相信一切都會朝向無限好的方向發展，最終與上帝同在，那麼他在點滴的實現之中也就肯定了上帝的實在性，這是不容置疑的。這裏希克設想的終極狀態是超乎人類一切世俗的想像範圍的，但一個拘泥於字面意義的基督徒可能期望穿著華麗衣袍的聖樂隊，在上帝寶座前歡愉地奏樂。這種素樸實在論的觀點受到希克的批判，他要我們在與上帝溝通的終極善的末世狀態與人類傳統提出的這種狀態的具體圖景之間作出區分。

　　以上分析了有神論傳統中宗教核心語言的實在性問題，對非有神論傳統中的語言之實在性問題，希克主要分析了印度教中不二吠檀多派和佛教的宗教語言。

　　在非有神論中，「無限好的可能性」不是與上帝的溝通，而是超越個體自我的存

在。在印度不二吠檀多派中，首先肯定終極
的梵——阿特曼（Ātman）。個體與它之間
有條鴻溝，因為個體被摩耶（Māyā）所迷
惑，看不清真理、實在，處於無窮無盡的輪
迴之中。但個體也可以回歸阿特曼。不過這
不是像有神論中與上帝的溝通，而是不斷消
除自我中心，即消除假我，成為一名生前解
脫的靈魂（jivanmukti）。作為解脫的靈
魂，他／她意識到自己在末世最終消失自
我，與單一的意識阿特曼合一。那麼生前解
脫的靈魂是否和阿特曼合一了？希克認為還
不可以這麼說，因為如果合一了，也就不同
於我們世上的存在。但如果個體意識最終可
與阿特曼合一，滙入無限的意識中，並在滙
入阿特曼之前作了理論預言，那麼該理論在
個體意識中得到了證實。

　　佛教的語言非常奧秘，難以理解。依據
佛教無我（anattā）理論，自我只是暫時的
意識之流的片斷，轉眼即逝。我們的意識僅
僅是緣起之中的一瞬。自我處於流變狀態，

又如何去證實終極的實在性呢？希克在「假
我」和解脫者之間作出了區分。就當下經驗
自我的地位而言，無我理論本質上與非二一
元論的概念相似。現在的「我」（I）或自我
（ego）習慣於把世界看作以自我為中心
的，這是幻相，如此看待的世界也是幻相的。
從自我中心的意識看，自我與世界皆真實，
但與非自我中心的涅槃中體驗到的實在相
比，自我與世界皆為虛幻，從而揭開了日常
意識的虛幻性。佛教主要教派都肯定永恆的
佛性、法身，也即終極實在，它是不能描述
卻可以體驗到的。那麼佛教是否認為只有那
些追求解脫的努力修行者才能獲得這種特別
奇妙的意識狀態，最終達到涅槃境界呢？其
實，佛教青睞修行者，也肯定所有的人最終
都會獲得解脫，進入涅槃，即便不在今世，
也可在多次輪迴之後獲得。佛教的涅槃、空、
法身等具有救贖論意義，為全人類帶來好消
息。

　　希克透過強調末世論的因素，基本上肯

定了東西方宗教核心語言的認知性與斷言事實的地位。但我們對宗教語言既可作實在論的解釋，也可以作反實在論的解釋。例如有人把佛教僅僅視爲冥想方式，透過它可獲得內心平靜、穩定和超脫。可以說，自19世紀以來已形成對宗教語言持反實在論立場的思潮。這股思潮肇始於費爾巴哈，他於1841年發表《基督教的本質》。費氏認爲，上帝的語言表面上等同於實在，實質上則是我們自己的道德觀念。上帝乃是理想人格的形象，被人類想像投射到天上，反過來又向我們提出神聖要求的人類精神。

希克認爲，費氏關於宗教是一種投射的理論，既可以作消極否定的理解，即作反宗教的無神論來理解，也可以發展出積極的、建設性的理解。前者在社會學上爲馬克思所發展，心理學上爲佛洛伊德所發展；後者則得到蘭德爾（John Randall）、布雷思韋特（R. B. Braithwaite）、菲律普（D. Z. Phillips）、卡皮特（Don Cupitt）等人的發

展。

　　布雷思韋特於1955年著名的愛丁頓講座
（《一個經驗主義者對宗敎信仰的性質之看
法》）中接受邏輯實證主義的觀點，認爲宗
敎的表述（尤其關於上帝的陳述）不屬於三
類有眞理價値的陳述：一是關於經驗事實的
特定問題之陳述，透過觀察可得到證實；另
一是關於科學假設和其它一般經驗的陳述，
如果是假的，原則上可以證僞；再是關於邏
輯和數學的陳述，它們在特徵上是假設性
的，並沒有作出某某存在的斷言。布氏認爲，
宗敎陳述不屬於上述三類陳述，缺乏認知意
義，但有確定的用法。道德話語也缺乏認知
意義，但是在人類生活中充當著重要的角
色，即指導生活。和道德話語相類似，宗敎
陳述所發揮的基本上也是一種倫理功能。倫
理陳述並非關於善、責任或者正確的事實斷
言，它們所表達的是主張者要以其主張中說
明了的某種特定方式去行動的意向。……當
一個人斷言應該如此這般做的時候，實際上

是在宣布他決心盡其所能去這樣做。同樣，宗教陳述表達和推荐了某種具有普遍性的生活方式，每一條信經並不都是對不同的具體行爲方式虛僞的承諾，整個基督教世界觀的核心主題：上帝是愛。在這一信念中表達了對「愛的生活方式」的獻身。

　　布雷思韋特注意到，大多數世界宗教傳統所提供的生活方式是相似的，那麼爲什麼看起來迥然相異呢？布氏認爲，區別不在禮儀上，而是在不同的歷史故事上。這些故事可被理解成字面上眞實的，也可理解爲神話、寓言。但不管怎樣理解，都是愛的生活方式之體現，只是體現在不同的歷史傳統中。

　　與布氏相似，蘭德爾也不認爲像「上帝愛人類」這樣的神學陳述是認知性的。他在《西方宗教中認識的作用》一書中提出宗教是一種象徵的思想。他認爲，宗教是一種人類活動，對人類文化有著特殊的作用。宗教加工的材料獨特，是象徵與神話的結合。宗

教象徵同社會象徵和藝術象徵一樣，既非表現性，也非認知性的。可以說，這些非認知性的象徵所象徵的，不是離開自身也能指明的某種外部事物，恰恰是它們自己所造成的、發揮它們的獨特功能的東西。

蘭德爾指出宗教象徵有四種功能，第一、喚起種種情感，激發人們去行動；第二、鼓勵合作行動，引起共鳴，把一個群體團結起來；第三、能把普通語言所無法表述的那樣一些體驗的性質傳遞出來；第四、既能激發，又有助於培養並澄清人類對世界的另一方面的體驗，這個方面可稱爲神聖者。希克認爲，蘭德爾對宗教反實在論的主要貢獻就在於他對宗教象徵功能的強調，藉由宗教象徵功能使我們進一步體驗到周圍世界的意義和價值的向度。蘭德爾關注世界和他人的意識，菲律普和卡皮特則更關注我們內在道德和靈性狀態的表達。

菲律普的主要哲學啓示來之於後期維根斯坦（Ludwig Wittgenstein）的思想。依據

希克的看法，後期維根斯坦的思想本身並沒
有在實在論和反實在論之間作孰是孰非的論
斷，菲律普顯然把維氏的思想引向了反實在
論的方向。希克引了菲氏對死亡與不朽的語
言分析來表明其在宗教語言問題上的反實在
論立場。針對這類觀點，即認爲人死後存在
連續的意識，而「永恆生命」不是死後意
識，而是指無限好的生存品質，它可能當下
即是，也可能是死後有無限的機會，菲氏嗤
之以鼻，認爲把永恆生命說成某種人類存在
的附屬物或某種在世上生命結束之後的東
西，這是愚蠢的。他論證了一切連續的死後
存在概念不是無意義的就是虛妄的，不可以
把永恆生命以一種排此世性的術語來定義。
永恆生命是善的現實，人類生命依它而得以
評估，永恆並不是更大的生命，包含在某種
道德和宗教的思想模式之中。靈魂不朽不涉
及人生的限度問題，而涉及一個人的生活問
題。他把其反實在論觀點運用於宗教的每一
方面，包括談論上帝、關於上帝之愛以及接

受任何作爲上帝的恩賜，他說，「信仰者透過冥想、關注和棄絕來學習寬恕、感激、愛的眞正含義，從而融入上帝的實在之中，這就是我們所說的上帝之實在的意思。」①

由此可見，菲氏尊重並支持傳統宗敎語言的運用，但不承認語言的指稱對象獨立於我們自身，只是指稱我們的道德與靈性狀態。因此，說上帝存在並不在肯定一個永恆的全知全能全善的上帝。「上帝存在」只是表明有人在運用上帝概念，對運用者而言，上帝在其生活中具有統攝性。

希克認爲，菲氏的觀點完全依據20世紀的西方哲學，尤其是後期維根斯坦的哲學，他沒有討論傳統的談論上帝的人們如聖經人物，乃至諸世紀以來的普通信徒，他們無疑相信眞實的有權能的神性人格，並相信死後天堂、地獄的存在。

另一位著名的宗敎反實在論者卡皮特，像布雷斯韋特和菲律普一樣，認爲宗敎信仰顯然是錯誤的。現代的人們怎麼可能相信一

個獨立於人類信仰的「客觀」上帝？人類意
識日趨自主和個體化了，人們把道德視爲獨
立的東西，無需外在權威來確定是非曲直。
例如正義和愛都是內在善的；非正義和殘酷
是內在惡的，它們常常由我們自己理性來認
識。這一點自康德以來已爲人們廣泛接受。
但他又認爲宗教信仰表達了某種非常重要的
東西，並且能夠透過自律使其在人類生活中
保留或恢復其核心地位。其方法就是要與我
們傳統的宗教實在論一刀兩斷。宗教像倫理
學一樣必須讓它成長。帶來無私之愛和超然
的安詳，這一「宗教要求」在我們之內表達
了一種其實現就是回報自身的可能性。從這
一點看，「上帝」一詞並不指一個「巨大的
宇宙或者超宇宙的創造主」②，相反，上帝
是一個人格的宗教觀念，是內在於靈性自我
的。

　　希克認爲，宗教的批判實在論和反實在
論在許多問題上具有共同性，可歸結爲四
點：

1.它們都強調人類生活中的「善」，雙方都突出了愛和憐憫，在愛和憐憫中成長、超越自我以及純化心靈；

2.雙方都認為宗教信仰、經驗與實踐的方式受文化限制；

3.蘭德爾在宗教和美學的知覺之間作出類比，和許多傳統實在論者對能夠喚起信仰的自然和人類世界的新評估是一致的；

4.菲律普和卡皮特等宗教反實在論者強調道德生活的自律，這也是宗教批判實在論所持的觀點。

然而，在最終極的意義上，雙方是根本對立的。對宗教實在論者而言，物理世界是唯一的實在，包括由物質大腦產生的意識；人類是動物存在的一種方式，是這個星球上自然進化的產物；宗教傳統所說的超自然存在只是我們大腦中的觀念。

宗教反實在論對傳統宗教形式表示強烈

不滿。他認爲自己無需求助於在當今許多人心中已失去看似有理性的超自然信仰系統，完全可以提供宗教中所有具有明確價值的東西，如內在和平、心地純潔、心存憐憫和愛、克制貪婪、焦慮等等。但希克認爲反實在論有一個不好處理的現象，即如果以實在論解釋宗教核心語言，對人類則構成好的訊息，但根據非實在論的解釋，除了少數幸運者，對絕大多數人來說這是不幸的。因爲，宗教的反實在論對未來沒有一種深沉的企盼，缺乏烏托邦式的視角。它否定了超越性，把宗教實在論中的所有超世間的實體對象都拉到此世，並從語言學以及心理學上加以消解毀滅。但反實在論又承認傳統宗教語言在表達永久有價值的意義，這種語言向人們展現了一幅美好樂觀的圖景，即脫離現世不可避免的苦難和邪惡，到達超越死亡、罪惡和一切苦難的永恆的天堂；或者超越生死輪迴到達覺悟、解脫和涅槃。

三、與上帝打賭

　　宗教經驗和宗教信仰的關係是宗教哲學與神學的核心問題之一。從宗教認識論的角度看，我們的知覺經驗紛繁複雜，除了真實知覺外，還有誤覺、假象和幻覺等等。如果我們把欺騙的概念運用於宗教經驗領域，那麼我們就要反問那些宣稱體驗到上帝臨在並以此而生活（如耶穌、穆罕默德）的人，他們的知覺會不會是幻覺？

　　這的確是一個富有挑戰性的問題。希克承認自己對此無能為力。相反，他沒有直接回答上帝臨在的體驗是否真假，而是轉向問題的另一面：相信一個人自認為真實的經驗並以此生活是否合理，以及他人相信這個人關於上帝之實在的報導是否合理。

　　希克認為，上帝的存在不可能從宇宙性

質中推斷出來，也不可能從人類經驗，包括
宗教經驗中推斷出來，而是依賴於對環境作
用的無意識解釋，從而有意識地把其體驗爲
具有有神論宗教語言中所表述的意義。但當
我們以這種方式作出解釋時，就在作一種基
本的認知選擇，也是在冒險。因爲我們在作
選擇時是「靠信」而非「靠見」。比如我們
在偉大的宗教人物和／或傳統影響下，以某
種方式體驗並解釋他們的處境，當最終被證
明是合適的時候，我們的解釋圖景就得到了
事實的證明；如果不合適，我們就受到了欺
騙，但不管怎樣，我們都在作一種認知選擇，
帕斯卡爾（Blaise Pascal）的打賭可以說是
爲人們提供了一種啓示。

　　帕斯卡爾認爲，我們可以透過算計打賭
上帝存在，因爲打賭上帝存在是最保險的。
如果輸了，我們一無所失；如果贏了，我們
就獲得永恆的救贖。相反，如果我們打賭上
帝不存在，如果上帝眞的不存在，我們也一
無所獲；如果上帝存在，我們就失掉永恆的

救贖。由此掂量一下打賭上帝存在的得失，如果贏了，會贏得一切，輸了，也沒輸掉什麼。所以不必猶豫，打賭上帝存在是非常明智的。

帕斯卡爾的打賭表明了我們無法在客觀意義上證明信仰對象，但這樣的信仰不試白不試。希克引這個例子無非想說明：我們相信上帝——這是合理的。他透過考察不同人之間的差異以及同一個人在不同時期的認知環境，認為這種信仰在過去、現在，甚至在將來都是合理的。

希克認為，我們日常活動一般都預設了知覺經驗可證實的特徵。也只有在這種信任的基礎上，一切都有條不紊地進行著。一旦我們懷疑日常生活經驗，那麼情況又將怎樣？簡直難以設想。在學理上，從笛卡兒到休謨，沒有一種哲學論證具有普遍的說服力。我們無法證明外面世界的存在，事實上，我們不得不相信被知覺的世界的客觀實在性，並以此生活。證明上帝存在就像證明物

質世界存在一樣不可能，有神論信念就像知覺信念一樣產生於人類心智對其經驗的自然反應。一切的信念，不管是知覺的、道德的還是宗教的，似乎都植根於我們的人性。希克認為我們無法說明如何意識到作爲構成客觀物理環境的感覺現象，我們只是很自然地以這種方式解釋我們的經驗材料；我們意識到我們生活在一個眞實的世界中，卻無法藉由邏輯公式證明它。同樣，我們不能說明我們是負責任有道德的人，只是發現自己以這種方式解釋我們的社會經驗；我們感覺到自己生活在有倫理意義的世界上，卻無法透過任何邏輯過程來證明。每一種情況都表明，我們透過一種合適的解釋活動，並根據我們環境的某一特定方面來生活，我們既不要求也不能想像進一步對環境實在性的證實。有神論信仰者也無法說明他如何知道神聖的臨在藉由人的經驗傳遞，他只是確確實實地認爲自己生活在上帝的臨在之中，卻無法透過辯證過程來證明，因此，很多體驗顯得只可

意會而不可言傳。③

　　希克還注意到了經驗與信念之間更複雜的情況。宗教哲學家斯溫伯恩（Richard Swinburne）認為我們常常生活在輕信原則（the principhe of credulity）之中。希克對此作了限制，認為除了兩種情況，我們確實可以接受這個一般性原則。一是我們意識到環境欺騙了我們；二是儘管我們不知特定的受騙原因，但隨著經驗流逝，出現了不連續性，我們有理由視之為虛幻，或者，至少拒絕接受它為真正的體驗。排除了這兩種懷疑的理由，我們可以把那些明顯的知覺經驗視為真實的，而其中那些偉大靈魂的經驗就彷彿是各傳統堅固的基石。例如耶穌始終強烈地意識到自己生活在不可見的上帝臨在之中，上帝不只是一個概念或假設的實體，而是一個被體驗到的活生生的實在，就和他的鄰人、加利利的山坡、河川與湖泊一樣真實，假設上帝不存在是荒謬的。像耶穌一樣的人確實能夠宣稱上帝是真實的。因為我們除非

信任我們自己的經驗，沒有任何理由懷疑宇宙的存在或者性質。我們之所以這樣子存在，是基於我們對宇宙的經驗，並在此基礎上超越我們自己的意識去認識把握對象。我們的一切認識都基於經驗，離開經驗就不可能有任何的認識。所以，如果經驗中的某一方面是完全可信的或者持久的，總和別的經驗相一致，那麼爲何要拒絕承認呢？同樣，一個對上帝之臨在具有強烈的連續的存在之意識的人爲何要對自己說「不」呢？

　　但是，希克認爲這樣的論述還是不夠嚴密充分，我們仍無法說所有宗教經驗都無例外地爲宗教信仰提供了基礎。因爲宗教現象學已表明，大量的經驗與現代人的觀念相衝突，即使宗教現象之間也矛盾重重，紛爭不斷，連教徒也視某些不同於自己的宗教形式爲幻覺，懷疑論者則懷疑全部的宗教經驗。爲此，人們又會問：像耶穌等人會不會也是宗教上的受騙者呢？其宗教經驗會不會也是幻覺呢？

《新約》中可以發現：第一，耶穌對上
帝的絕對依賴；第二，耶穌也相信許多病是
由魔鬼附體引起的，《新約》中不乏耶穌驅
鬼治病的例子。現代文明雖然不能證實或證
偽上帝存在，但可證明耶穌所相信的前科學
內容是錯誤的，比如今天的病理學發現像癲
癇病並非魔鬼附體引起，耶穌趕鬼之事成了
無稽之談。但希克認為，我們依然可以相信
耶穌對上帝臨在的經驗是真實的，因為這在
我們自己的經驗中激起肯定性的迴響。但魔
鬼附體引發疾病的經驗可視為不真實的，因
為這與我們的醫學知識相衝突。

有理性的人一定會認為，經驗者的超
我、心理需要、群體壓力或迷幻藥等等可能
也會導致這樣的經驗。對此，希克反問，如
果剔除這些可能性，一個人是否應該合理地
相信他自己的經驗？他認為，這顯然是合理
的。只要回到一個正常的經驗者的處境上
來，相信上帝存在與相信我們周圍環境的存
在一樣合情合理。像摩西、耶穌、聖保羅、

聖法蘭西斯、馬丁‧路德、穆罕默德、哈拉
智、羅摩奴闍、古魯納那克以及羅摩克里希
那等作為有理性的人，都有權利相信上帝的
存在。作為普通人，雖不曾像偉大人物一樣
直接體驗到上帝的臨在，但同樣有權相信自
己或各傳統中偉大人物的經驗。因為，普通
人也有所謂的「高峰體驗」(peak experi-
ence)，可以在某種特定環境中印證記載於
聖典中的偉大人物的經驗。這一點足夠吸引
普通人走上偉人指引的道路。

　　由此很容易理解不同宗教傳統存在的種
種體驗實體的方式。但不同宗教傳統都承認
體驗中存在虛假現象，為此確立了各自的評
判標準，其中之一是，是否與聖典相符；其
次是，考察宗教經驗者的靈性與道德之果
實。顯然，標準都是人立的。憑什麼說它們
能判明一種宗教經驗就是對神聖者的經驗
呢？理智上，我們完全可以將其斥之為虛幻
的東西。

　　希克認為兩者同樣都合理。人們對一種

宗教的理解完全可以作自然主義的解釋，但一個人無論作自然主義或宗教的解釋，在邏輯上都存在同等的合理性。因為我們對世界的認識根本上還是含混的。

從這個意義上說，一個人走自然主義的認知和實踐道路還是走宗教的認知和實踐道路，從根本上來說是一個信仰的意志的問題，或者說是信仰的權利。既然我們對宇宙的了解是矛盾的、含混的，那麼當一個人一旦作出選擇，也就迫使他在兩者之間作出挑選，儘管從邏輯上來說，問題終究會被澄清，但在此世任何選擇都不能被判明。因此，選擇就意味著冒險。

詹姆斯（William James）認為，我們不得不冒險，而冒斷言上帝不存在的險實在是不合算的，因為這雖然可使我們在某種處境下避免了錯誤，但卻喪失了根本的好處，產生無法彌補的遺憾。詹姆斯提出他的核心洞見：每個人都有權利相信自己的宗教經驗，並在自己的宗教經驗激勵下相信偉大人

物的宗教經驗。如果一個處於理論含混的處
境中，或者參與在其生活基於這一經驗模式
的共同體中，那麼他／她就有權利合理地相
信這種經驗，並繼續相信它，以它爲基礎而
生活。希克把這一洞見推廣到非有神論領
域，並作出結論：一個人在宗教上以一種強
有力的和使人非信不可的方式把生活體驗爲
超越者之實在，與一個人相信物理世界之實
在同樣合理。

註釋

①D.Z. Phillips，《死亡與不朽》，London 1970，
第55頁。

②Don Cupitt，《僅僅是人的》，London 1985，
第136頁。

③參見John Hick，《信仰與知識》，Ithaca，2nd，
第118－119頁。

第四章
多元論問題

一、面臨挑戰

　　隨著科技的發展，通訊手段、交通工具日益先進，古老的時空概念有了更新的內涵，各種接觸日益頻繁，文化多元論潛移默化著人們，可謂深入人心，但在宗教領域問題似乎要複雜得多；然而在世界範圍各種因素的衝擊下，各宗教傳統原先封閉式自我發展的模式已被打破，面對挑戰不得不作出回應。我們將透過考察基督教對待其它宗教的態度之改變，以之引出本節的結論：宗教多元論是宗教自身的內在要求。

　　希克認為，到目前為止，基督教對待其它宗教的態度有兩種：首先是排外主義（exclusivism）；其次則為包容主義（inclusivism），希克本人則倡導多元主義（pluralism）①。

　　波尼法修八世（Boniface Ⅷ）在1302
年的教皇公告中說，信仰要求我們相信並堅
持只有一個神聖的、大公的和使徒的教會；
我們堅信它，毫不保留地接受它；教會之外
旣無拯救，也無罪的赦免。佛羅倫薩公會議
（1438－1445）再次肯定，沒有人排除在大
公教會之外，不僅不信教的人，而且猶太教
教徒、異教徒和教派分裂者都能成爲永恆生
命的享有者。但除非在其生命結束之前加入
大公教會，否則就要進入爲魔鬼及其手下預
備的永恆之火中。一言以蔽之，教會之外無
拯救（extra ecclesiam nulla salus）。這就
是典型的排外主義，總結其基本觀點就是：
認爲只有自己的宗敎觀點和實踐方式才是唯
一正確的，其它宗敎的觀點與實踐方式全屬
荒謬。一個人要得救只有它（基督敎）的觀
點與實踐方式結合起來才有可能，而且也只
能侷限在這一共同體之中。

　　類似的思想也體現在新敎中，認爲基督
敎之外無拯救。如1970年《法蘭克福宣言》

中就有這樣的內容：必須讓非基督徒從他們
的宗教和世界觀的束縛與虛幻的盼望中解放
出來，我們要讓所有非基督徒——在創造意
義上屬乎上帝——相信他（耶穌基督）並以
他的名受洗，因為只有在他裏面才有許諾他
們的永恆的拯救。1960年芝加哥世界宣教會
議的報告中也說，自第二次世界大戰以來，
已有十億多靈魂進入地獄之火的折磨中，他
們甚至沒有聽說過耶穌基督，不知道他是
誰，為什麼會死於骷髏地的十字架上。

　　希克指出，基督教排外主義把拯救侷限
在自己的宗教傳統中，把基督教看作絕對
的、唯一的、最後的、規範的和終極的，認
為唯有自己的宗教才是上帝親自設立的，唯
有透過道成肉身的耶穌基督才有最後的拯
救，這無疑使自己與世界其它宗教相對立。
當然，如果世界上只有一種宗教（即基督
教），那麼無可非議，但事實上還存在著印
度教傳統、佛教傳統、伊斯蘭教傳統等等。
如果印度教徒說印度教外無拯救，唯有《吠

陀經》才是最早最完整的神的啓示，這樣也
未嘗不可。同樣，佛教徒、穆斯林（回教徒）
等都有理由堅持自己的宗教唯一性。在歷史
上，由於持這種排外主義態度而造成的災
難、衝突隨手可舉。例如基督教，當它和伊
斯蘭教接觸的時候，不是把它視爲夥伴，而
是視爲魔鬼，並持著殲滅魔鬼的「權柄」進
行十字軍東征，成爲基督教史上極不光彩的
一頁。在基督教內部把那些對《聖經》、耶
穌有不同理解的人視爲異端進行迫害，這也
是基督教史上不光彩的一筆。由於對教義理
解的不一致而導致的教會分裂無疑成了基督
教史上的敗筆。如今還有很多基本教義派無
視歷史教訓，依然持排外主義立場，不免令
人搖頭嘆惜，他們雖然不是基督教中的主
流，但危害性依然不容忽視。

在基督教主流中占主導地位的是包容主
義，它是歷史不斷發展的產物，其思想首先
在天主教中得到確認和發展。在1854年教皇
庇護九世的通諭中，可謂包含有該思想的萌

芽，它通諭大家，作為信仰問題，必須堅持
羅馬教會之外無人能被拯救的觀點；教會是
唯一的救恩之舟；任何不加入教會的人都將
倒在血泊之中。但另一方面，同樣必須堅持，
那些由於對真正宗教無知——如果這是無可
避免的無知，那麼在主的眼裏就不承受任何
罪愆。羅馬最高宗教法庭在給波士頓大主教
的重要信件中也說，要獲得永恆的拯救並不
總是要求一個人事實上加入教會，成為教會
一份子，但它要求他至少有屬乎教會的願望
和渴望。這種願望與渴望並不要求是清晰的
……一個人不可避免會有無知的時候，上帝
也接納一個不明晰的願望，因為救恩也包含
在靈魂的善良意向之中，透過這一善良意向
使一個人的意志和上帝的意志能相一致。

　　梵二會議以來，包容主義思想得到了進
一步的發展，其理論代表者是卡爾・拉納
(Karl Rahner) ，他提出了一個重要的理
論是「匿名基督徒」 (anonymous chris-
tian) 理論。這一理論把那些雖然沒有明確

的基督教信仰，但仍然有意或無意地尋求按
神的意願行事的人都看作「榮譽基督徒」，
也許他們自己並不這樣看，也許他們是穆斯
林、猶太敎徒、印度敎徒或任何別的什麼敎
徒。希克指出，這看起來十分寬容、大膽的
和普世的說法，實際上，用天文學術語說，
只不過是個周轉圓——增加一個基本上絕對
主義的理論結構，以便遮掩與觀察到事實的
不相容性。這和以地球爲中心的陳舊的托勒
密的宇宙圖式相似，傳統基督敎神學把基督
的位格與福音看作信仰世界的中心。

　　很多新敎神學家持包容主義立場，至
今，匿名基督徒理論仍然是天主敎處理其與
其它宗敎關係的基礎。但，這一理論經不起
仔細的推敲，對大多數神學家或廣大信徒來
說，持這一立場，也許已不是出於理性的反
思，更多的是出於情感和意志上的抉擇。然
而，希克預言人類理性的公正性以及良知的
眞誠最終會將它拋棄，爲此，希克推出宗敎
多元主義。

　　應該說，多元思想早已有之，印度以及
中國在宗教上的多元性早已是個事實。例如
《奧義書》中說「實在唯一，聖人異名」；
蘇菲派神秘主義大師魯米（Rumi）也說：
「不同的燈，相同的光」，我們在中國宋明
時期也可看到三教合流之勢，張三豐曾說：
「聖人之教，以正爲教，古今有兩教，無三
教。奚有兩教？曰正曰邪。奚無三教？惟一
惟道。」（《天口篇・正教篇》）而希克基
於這樣的信念：宗教經驗與信仰是人類對神
性實在的回應，借助於他的宗教知識論和下
一章要涉及的救贖論結構，提出了一個多元
論假設，把宗教多元論視爲宗教本身的內在
要求。希克指出，宗教本身所追求的是人類
和平和超越，與宗教間的隔閡、紛爭，拘泥
於獨自發展的封閉式理論不相容，因此，需
要在宗教哲學、神學中進行一場哥白尼式的
革命。

　　希克主要從這幾個方面來論證多元論假
設：

　　首先，希克認爲不同宗教傳統對實在的回應具有絕對性的一面，即在不同程度、不同側面上把握到了實體，但由於文化等因素的影響，具有很大差異性，反過來又強化了原先的文化傳統。希克重點分析了宗教經驗的性質，認爲我們對世界的認識是一個「體驗爲」（experiencing－as）的過程，因此，對世界既可以作宗敎的解釋，也可以作自然主義的解釋。從這一點出發，人們有權相信自己的宗教經驗，猶如對自然的科學解釋。以經驗爲基礎，最終必定承認宗教傳統的差異性，承認宗教傳統差異性，也就自然可以接受多元論這一假設。這部分內容在前面一章已作論述。

　　其次，希克利用康德的自在之物與現象之間的關係在實體與實體的表現之間作出區分：實體（the Real）是不可言諭的，它超越了一切二元性槪念，既不是多也不是一，既不是人格的也不是非人格的，既不是有意識的也不是無意識的，既不是本質也不是過

程，既不是主動的也不是被動的，既不是善
的也不是惡的，既不是正義的也不是非正義
的。而不同傳統對實體的回應，即實體的表
現都是具體的，如位格的克里希那、上主、
天父和阿拉，非位格的道、空、法和涅槃。
這種區分在不同宗教傳統中普遍存在，如印
度教中無德之梵（nirguna Brahman）與有
德之梵（saguna Brahman）的區別。西方
基督教神秘主義大師艾克哈特區分了神首
（Godhead）和上帝（God）；老子則區分
「道」與「可道」，他說：「道可道，非常
道。」（《老子》一章）；猶太教神秘主義
者在En Soph（超乎人類描述的絕對的神性
實在）和聖經中上帝之間作出區分；伊斯蘭
教蘇菲派在Al Haqq（實體）和位格的眞主
阿拉之間作了區分；基督教存在主義神學家
蒂利希則在「有神論的上帝之上的上帝」和
一般人講的上帝之間作出區分；宗教哲學家
考夫曼（Gordon Kaufman）在「實在的上
帝」以及「可達到的上帝」之間作出區分，

前者是「絕對不可知的×」，後者「本質上
是一個精神或想像的解釋」。

　　再次，希克認為人對終極實在的回應主
要有兩類：一是位格的回應方式，如印度教
中爲位格的克里希那、猶太教中的耶和華、
伊斯蘭教中的眞主阿拉、基督教中的上帝；
二是非位格的回應方式，如不二吠檀多中的
梵，佛教傳統中的涅槃、法身、空和眞和、
中國道教中的道。

　　下面對後兩點展開論述。

二、推陳出新

　　阿奎那曾說過：「根據認知者的模式，
認知內容就在認知者之內」（《神學大全》
II／II：1：2）。他把這一基本的認識論原
則運用於被視爲命題信念的信仰，認爲上帝
只能由人類藉由複雜的命題而認識到，儘管

上帝本身是單一、無差別的。阿奎那的這一
思想在康德那裏得到了更進一步的發展，對
實體本身和顯明在知覺中的實體詳盡地作了
區分。而希克則把阿奎那的這一基本原則以
不同方式運用於宗教信仰，把宗教信仰看作
是對環境意識的解釋性內容，並證明在和終
極實在的關係中，「認知者的模式」隨宗教
──文化系統的不同而有所不同，因而終極
實在以許多方式為人類思想和體驗到，正如
一位穆斯林思想家瓊奈德（al Junaid）所
說的：「水的顏色和盛水的容器相同」。同
時，希克借助康德的認識論分析宗教問題，
這正是其獨創之處。

　　希克指出，康德區分本體與現象是其複
雜的哲學體系所特有的。本體即物自體
（Ding an sich），獨立存在於我們對它的
知覺，而現象界則是本體界作用於人，同時
人對它作出回應而形成的世界，這個顯明出
來的和人相關的世界同本體世界一樣真實。
由此類推，希克指出，實體本身透過人類的

體驗與思想而形成（已形成）的一系列的神性的人格神與非人格的絕對者也不是虛幻的，是作爲實體本身的眞實顯明。康德透過對時空的考察，認爲時空不可能是客觀存在的，必定是心意感知對象的形式，因而，世界自身也不同於我們經驗到的時空世界。希克認爲這一點我們不必追隨康德就可反省到，並且很快能認識到同一事物由於與它處於不同空間位置以及由於我們感官、精神特徵及解釋方式的差異，對不同的人就表現出不同程度的差異。

但康德本人並不承認我們在某種程度上把上帝體驗爲不同於神性本質（實體本身）的神性現象。康德的上帝是假設的上帝，是由理性在其自身實踐基礎上假設的對象。我們藉由外界訊息的輸入，由心意根據自身範疇圖式的解釋，然後意識到作爲有意義的對象經驗。康德稱這些範疇是知性範疇，是先驗的、普遍的、不可改變的人類認知模式，這些純粹的知性範疇根據空間性的術語被圖

式化，從而產生更爲具體的經驗範疇進入意識。康德認爲正是道德責任的範疇特徵前設了使至善（summum bonum）成爲可能的上帝之實在，上帝被假定爲整個自然的原因，他自身不同於自然，包含了幸福與道德完全一致的基礎，上帝觀念起到規定性觀念的作用，我們依賴著它，視世上一切秩序都源於這至上理性的旨意。可見，康德關心的是物理世界以感性知覺的方式的建構活動。

希克認爲我們所假設的實體本身（the Real an sich）不是作爲道德生活的前設而是作爲宗教經驗和宗教生活的前設，把實體本身與其在宗教經驗王國的現象表現合而爲一，就可以說眞正體驗到了實體，這種體驗是以類比的方式進行的，其情況與康德描述的相似，但也有差異，主要在於宗教範疇不是普通的、不可改變的，而是具體的，具有文化相對性。離開這些宗教範疇人們依然生活，但一旦得到肯定和運用，就具有在時空中改變和發展的特徵，正如歷史影響了人類

意識的發展。希克注意到了康德的宗教認識論和其對於感性知覺的理解沒有內在關係，但他在宗教分析中，嫁接了康德的認識論模式。

就宗教而言，有兩個基本語境：第一，作爲假設的人類生活之基礎的實體之臨在；第二，我們意識的認知結構，以及回應我們環境的意義或特徵（包括宗教意義或特徵）之能力。根據訊息論，訊息傳遞是從超越之源到人腦／心，並通過人腦／心轉化成意識經驗的。訊息從訊息源傳遞到接收訊息者，以及從一種模式向另一種模式的轉化能力，都處於神秘狀態。訊息的傳遞不僅僅透過諸如電磁波的物理方式，而且從心到心、從物到心，正如ESP現象中所觀察到的，不是依賴於物理的接觸，或許依賴於普遍的精神生活的認知能力。就我們對物理世界的意識而言，神性實在是透過某種概念與範疇而意識到的。這些概念，首先是上帝或作爲人格的實體概念，它統攝了各種宗教經驗的有神論

形式；其次是絕對者的概念或作為非人格的
實體概念，它統攝各種非有神論的宗教經驗
形式。

希克認為，人格的神與非人格的絕對者
在現實的宗教經驗中被圖式化或具體化為一
系列特定的神或絕對者。它們或者是人格
的，如克里希那、上主、天父、阿拉等，或
者是非人格的，如道、法、空、涅槃、梵等。
即便是同一類型的認知和體驗，如對實體的
人格性認識，也有著極大的區別，例如克里
希那不同於基督教的天父，阿拉不同於猶太
教的上主等等。但人們可以借助於文化以不
同方式體驗、認知實體，事實上也正是如此。
當實體以人格的形式被認知、體驗時，實體
就具體地被認知、體驗為以色利的上帝、三
位一體的上帝、濕婆、阿拉等；而當實體以
非人格的形式被認知、體驗時，實體就具體
地被認知，體驗為梵、涅槃、空、無、道、
法、存在等。因此，我們言說實體，其實是
在言說體驗、思想到的實體。這有點類似我

們對光的認識。對於光的純物理結構肉眼是
不能直接觀察到的，但在不同的實驗條件
下，可以發現光具有波粒二象性，即當以一
種方式觀察時，它是一束粒子；當以另一種
方式觀察時，則顯示出連續波的圖形。而實
體也不能被直接認知，我們只能以人格、非
人格或其它某種方式去把握，當它以和我
——祢（I—Thou）相遇的模式關聯時，就
顯現爲人格的，當它與處於非人格意識的關
係相連時，就是非人格的。簡言之，在前一
種關係語境中，實體是人格的，在後一種關
係語境中，實體是非人格的。所以，我們說
實體是一或多、人或物、實在或過程、善或
惡、有意或無意等都是不妥的。這樣，希克
借助康德的認識論模式，區分了實體本身和
被人體驗、思想到的實體。

　　當然，我們在實體面前並不是說無能爲
力、一籌莫展的，希克提供了兩種思想模式
來幫助我們想像實體本身和人格與非人格之
實體的關係。

一種是本質與現象的關係。可以說實體本身可真實地體驗爲一系列有神論和非有神論的宗教經驗現象，但不能說實體本身就是這樣，即具有愛、正義、意識、至福等特徵，但毫無疑問實體本身是這些特徵的本質基礎。實體作爲這些經驗的本質基礎，內容上無比豐富，以致如宗教的現象學所描述的那樣，人們只能以各種部分的和不十分確切的方式有限地體驗實體。就好比瞎子摸象，觸摸到的只是象的一部分，而且是實實在在的真實的一部分，但他們自以爲是的東西在視力正常的人看來是如此的荒謬可笑，儘管他們都有對的成份，也許也正因爲如此，爭論將永無休止。

另一種思維模式是類比陳述。這已由阿奎那作了經典論述。當我們說上帝是善的，這並不是我們在平常評論一個人是善的意義上時說的，也不是在完全無關的意義上說的，而是在神性本質中存在著一種無限優越，同時又類似於人之善的意義上說的。我

們無法知道上帝是什麼，而只知道他不是什麼以及其它事物如何與他相關聯，這就是阿奎那所強調的神性的善的同源詞。

希克認為，當我們同時運用兩種思維模式時可以看到，儘管現象的神性屬性具有一個本質基礎，但這並不能促使我們將每一屬性分別溯源到神首 (Godhead) 或實體。但實體卻是這些具有神性人格與非人格之性質的終極基礎或源泉，只要它們是實體的真實表現。同時他指出，終極本質及其多重表象或者無限超越的實體和我們人類對它的各個部分的意象之間的這一關係，使得我們有可能神話式地言說實體。在希克眼裏，神話就是一個故事或陳述，它不是字面上真實的，是有助於主體喚起一種合適的傾向性態度。因此，神話的真是一種實踐上的真：一個真實的神話就是正確地把我們和實體關聯起來的故事或陳述，而我們無法用非神話的術語去表述這個實體。但我們的存在不可避免地與實體相關，我們的態度與行為之合適與否

不僅與我們的物理世界、社會環境有關，而且與我們的終極環境——實體有關。眞正的神話是能夠喚起適合於實體之處境的行爲態度與方式的。

問題是，在這一終極處境中，適合或不適合的人類態度、行爲與生活方式是什麼？希克認爲，這和作爲人格與非人格的實體有關，如果我們透過它們而達到實體之表象以及適合於這種表象的實踐回應，那麼我們就明確了合適的人類態度、行爲與生活方式。在某種意義上，一個人格或非人格之實體就是和實體在救贖論上的關聯，適合於神或絕對者的回應也即適合於實體本身的回應。但是，看起來富有神秘色彩卻又可理解的是，除了以人格與非人格的方式和實體自身在救贖論上關聯外，在其它人類文化傳統中，因實體的其它表象而喚起相應的回應也同樣合適。

康德的自在之物是不可言說的，但希克的實體可作某種形式的陳述。如這個實體本

身是單數還是複數？希克傾向用單數，原因
之一是，每一個宗教傳統都傾向於把終極實
在視爲獨一無二的創造者或萬源之原。進一
步說，每一傳統的「眞實性」是由救贖論上
的有效性來表明的。但各傳統所認爲的終極
實在是不同的，因而不可能純粹是終極的。
它們只是眞正終極者（實體本身）的不同表
現。如果要從根本上去說實體，把它說成複
數似乎不妥，事實上，希克的宗教多元論哲
學正是要把不同宗教傳統的核心範疇統一在
單一的有序系列之中，這樣實體就以單數形
式出現。

　　問題又轉了回來，如果實體本身不可能
爲人所經驗，爲什麼還要假設這麼一個不可
知的「物自體」？希克認爲，神性本質對於
人類多元宗教生活是一個必要的假設。因爲
在每一個宗教傳統中，都視崇拜或冥想的對
象是眞實不虛的，這就有必要假設實體本身
是這一系列宗教經驗之形式的有效特徵的前
設，否則我們崇拜或冥想的對象只能是一種

精神觀念的投射。也只有這樣一種假設才可以把有神論和非有神論的終極者（上帝、阿拉等）和絕對者（空、法、道等）統一起來。

三、言說的上帝

希克指出，如果實體呈現爲所有作爲永恆變化事物的存在形式，又如果「根據認知者的模式，認知的內容就在認知者之內」，作爲有限度的人自然會把實體意識爲神聖的祢（Thou）。所以，從原始宗教到軸心後時期的宗教傳統，呈現給人類意識的實體的經驗形式通常被具體化爲神性人格。

這一點是顯而易見的。在原始宗教中，有無數的神祇。有些是自然神，是動植物繁殖生長之肥力的人格化；有些是被神化的祖先；有些是善的或惡的精靈，有的有動物形體，也可能沒有。這些給人帶來禍福的精靈，

人們崇拜它們，也可以藉由巫術獻祭來懇
求、奉承、賄賂它們。

　　希克認為，在起源於閃族的後軸心時期
的宗教傳統──猶太教、基督教和伊斯蘭教
中，實體被體驗為神聖的袮，這無需爭議。
他所關心的是這一觀點在全球範圍內是否普
遍，結論是肯定的。

　　例如現代西方所稱的「印度教」（Hin-
duism），是雅利安宗教、達羅毗荼人的宗教
以及其它宗教對印度的綜合影響，大約在公
元前600年到公元600年間形成的。希克提醒
我們在這個複雜、多層面的歷史中，需要對
哲學家的反思與普通人在家庭、村舍、廟宇
的具體宗教生活作出區分。印度哲學中那些
大部分已消失的一度繁榮過的學派是非有神
論的，甚至是懷疑主義或唯物主義的。如不
二吠檀多哲學就是採取非有神論形式，一般
人若用不二吠檀多哲學術語去理解印度多元
的宗教生活，那麼實體的人格特徵是模糊
的，但我們要看到普通大眾主要是相信有神

論，確切地說是多神論。例如本世紀發現的達羅毗荼人的城市還保留著神祇形像；古代雅利安讚美詩就提到許多神祇，其中著名的有因陀羅 (Indra)、代樓那 (Varuna)、阿耆尼 (Agni) 和蘇摩 (Soma)。這不僅在過去，現在也如此。不管哲人如何的爭論不休，成千上萬村舍中的百姓崇拜的是一神或多神。兩個著名的神性人物主宰了印度人的宗教生活，一位是濕婆和他的女伴迦利或杜爾迦；另一位是毗濕努和他的女伴吉祥天女 (Lakshmi)，濕婆的崇拜者總是肯定許多神性化身，其中有黑天、羅摩，每一個化身都已成為人們虔誠崇拜的對象。毗濕努的奉獻者也有自己奇異的虔誠傳統，但大部分印度人並不以己為真斥另一個為假，相反，他們認為濕婆和毗濕努都是終極人格實體的不同表現。希克引證主黑天的話：「因為所有人都皈依我，我將視其情況，沐以恩澤，每一個人都在各個方面追隨我的道路。」（《薄伽梵歌》4：11）

　　佛教，在常人的眼裏是非有神論的，甚至是無神論的；被認爲是哲學而不是宗教。確實，佛敎傳統上沒有明確肯定一個從虛無中創造萬物的創造主——終極的人格實體。佛陀對於宇宙是否有個起源的問題留給世人的也是懸念，但他並沒有否定宇宙由主創造的可能性。希克點出了佛陀的關懷是救贖論的而不是形而上學的，有神論的可能性並不在他的興趣之域。但在較低層面上，喬達摩和他的門徒接受了流行的印度宇宙觀，承認由無數善惡之神主宰的天堂地獄的等級制度。這種思想反映在巴利文經典中。例如，《長部經典》中描述喬達摩之死時說：「十方世界的諸神一起來看如來（即佛）」。（Ⅱ：139）希克的結論是，在巴利文經典中諸神的實在性及其生活是毫無疑問的，但他們依然是有限的、短暫的存在物，仍處於不完美的生存過程中，不是終極實體，而是次一級的神性現象而非本質，只有佛超越生死。因此，我們在諸多佛經中經常看到諸神

聆聽佛陀的開示。

在大乘佛教中，對位格神的需要更加迫
切。佛陀不僅僅是一個人，而且是一個神，
從一個人類最偉大的導師被提昇爲具有普遍
力量和意義的存在者。在《妙法蓮華經》
（Ⅶ：31）中宇宙佛指天中天（Devatideva
）。在三身論中，佛有三身：法身、報身和
應身。法身是佛超越的眞如，遍佈法界；報
身是相好具足的身體，是由因位的大願大行
所召引而得的果報；應身是應衆生的根機或
特殊情況而出現的現實身體。

在大乘佛教中的另一個發展是菩薩觀念
和未來佛觀念。他們不顧涅槃，留在世上普
渡苦海中掙扎的衆生。他們的行爲揭示了佛
性有情的一面。作爲終極慈悲的人格表現
——菩薩成爲人們膜拜對象，不同宗派有其
特定的菩薩，如淨土宗崇拜阿彌陀佛，敎導
衆生透過念頌阿彌陀佛的名號便可被接引到
西方極樂世界。

中國的宗敎生活，與印度有些相似。儒

教常列入世界宗教中。但儒教中最重要的人
物——孔子，與其說是一位先知，倒不如說是
一位道德主義者和社會思想家。他似乎相對
遠離當時普通百姓的宗教實踐，其思想主要
在高級知識份子階層中傳播。很久以來，中
國老百姓獻祭的是地方神靈，也強調祭祖。
統治者則有責任向該管轄地區的神祇獻祭，
天子則為了整個國家的利益而祭天。到了一
世紀，孔子被提昇了，到近代甚至被正式宣
詔為「至聖先師」。歷代中國人都傾向於把
超越者理解成人格的，孔子的「天」就被理
解為神性的人格或準人格的實體。人們就這
樣透過宗教崇拜的中介來處理各種個人和社
會的問題。希克認為儘管道教極富哲學味，
其根源於《道德經》，核心概念——道是宇
宙的永恆法則，類似斯多亞和基督教邏各斯
的概念，但把道教作為一種準有神論運動也
未免不可。

　　這樣，希克簡單地考察了閃族宗教和東
方宗教，說明人們對實體作出人格化的理解

具有普遍性。那麼，人格的實體具有終極性
嗎？

原始宗教中，諸神在多數情況下都是有
限的，崇拜者知道每位神能做什麼以及不能
做什麼。甚至在發展了的單一神論中，上帝
的無限性也是不明確的，只是說非常偉大，
超乎人類思維。在宗教經驗本身中，哲學的
無限性問題並未產生，宗教禮儀中的語言是
已發展了的，實際上是神學反思的結果。

希克舉例說，信徒首先在其神性恩寵的
基礎上肯定上帝的良善。正如《詩篇》第三
十四篇第八節說的：「你們要親自體會上主
的美善！投靠他的人多麼有福啊！」但我們
無法「體會」主是無限良善的。我們可以相
信神性的良善是無限制的，這一信念自然帶
有我們對上帝的意識，所以我們可以說我們
意識到自己生活在無限制的良善的上帝臨在
之中。

在現實的宗教生活中，上帝也從來沒有
被理解為無限的，而是在具體形象中得到理

解，這些具體形象從有限定的有限物到無限
定的偉大事物之間存在著量上的變化。這一
點很清楚地記載在希伯來聖經中。例如，希
伯來人的主有一個合適的名，並因作為戰爭
之王而擁有其特定的角色：「上帝是戰士；
耶和華是他的名」（《出埃及記》15：
3），同時他被描繪成能說（《創世紀》1：
3）、會聽（《出埃及記》15：3）、會笑的
（《詩篇》2：4）；耶和華還有眼（《阿摩
司書》9：4）、有腳（《那鴻書》1：3）；
上帝從天而降（《創世紀》11：17）、走在
伊甸園中（《創世紀》3：8）、關上方舟之
門（《出埃及記》33：22；《創世紀》7：
16）；上帝也表現出後悔（《創世紀》16：
6；《撒母爾記上》15：5）、嫉妒（《出埃
及記》22：5；《申命記》5：9）、厭惡
（《利未記》20：23）、憎恨（《申命記》
16：22；《詩篇》11：5，31：6，45：7；
《箴言》6：16；《以賽亞書》1：14、1：
8、44：4）；上帝還有心意的轉變（《出埃

及記》32：14；《撒母爾記下》24：16；
《阿摩司書》7：3）等等。

　　希克七〇年代前特別關注猶太教和基督
教傳統的耶和華、天父上帝，自七〇年代初
去印度講學後，其寫作時不時提及印度思
想，並對其中兩位神性人格作了具體分析，
一是印度教傳統的黑天；另一是猶太教和基
督教傳統的耶和華。

　　黑天在印度追隨毗濕努的傳統中受到崇
拜，史詩《摩訶婆羅達》記載著他的種種行
跡，對他的神學解釋可在《薄伽梵歌》中見
到，他被普遍認為是至上神毗濕努的化身。
但希克認為，毗濕努和黑天作為終極實體隱
秘的和顯明的存在形式是和那些追隨毗濕努
的奉獻者之虔敬分不開的；在《薄伽梵歌》
中，剎帝利阿周那接受「靈眼」後，把黑天
視為毗濕努：「阿周那在主的宇宙形體中看
到，宇宙的無限擴展處於一端，卻分成千千
萬萬。」（11：13）黑天的神話表現在人們
每天的個人崇拜或者集體崇拜中，表現在每

年的整個地區的節日中，表現在無數有關的藝術中。這一切構成了一個豐富多彩以及令人滿足的「生活方式」或者是「活生生的神話」。希克認為，離開特定的印度宗教史語境的神話學術語是不能闡明黑天的。

以色列的耶和華是一個完全不同的神性人格，活在一個完全不同於印度宗教的語境中。用敍述的術語說，他是亞伯拉罕、以撒、雅各的上帝，他把以色列民族救出苦境，與他們立約。當他們違約時，耶和華就懲罰他們；當他們遵循立約時，耶和華就喜悅他們。這一活生生的神話對於以色列人來說是實實在在的，這種實在性表現在重複的故事中，表現在祭拜和儀式中，尤其是每年的重大節日。同樣，我們若離開以色列這一特定的歷史語境也不可能理解、闡明神性的實在——耶和華。

黑天和耶和華都是真實的神性人格，是不同的人類生存之流中的核心。每一人格都是具體的、活生生的，與人們的生活息息相

關。講到耶和華，一定會涉及以色列的歷史
與生活、以色列的苦難與應許，一定會涉及
到耶和華和以色列人的具體交往；講到黑
天，一定會涉及黑天的富裕、逍遙，涉及他
的老伴拉達（Radha）和印度的具體宗教生
活。他們一個反映在印度的宗教信仰中，一
個反映在猶太人的信仰中，是完全不同的兩
個神性人格，處於自成一體的神話傳統中，
擁有各自的時空。在古時通訊、交通落後閉
塞的情況下，這兩種時空互不干擾，也就不
存在宗教多元論問題。

希克指出，終極實在可以表現爲許多神
性人格，同時也只能在各自的相應語境中得
到描述。如果我們在任何一種有神論傳統中
追問神性人格的本性是什麼，回答也許是這
樣的：與許多有限的意識、理性和情緒之中
心有關，它們構成千百萬人的自我；同樣可
以設想另外有一個無限大的意識中心，這就
是神性自我。希克認爲，這一回答體現出這
樣的預設：只存在一個可考慮的神性人格。

但當我們考慮到不同宗教傳統的不同的崇拜
對象時，問題就不那麼簡單了。那麼藉由假
設神性自身的多元性來解決這一難題又怎樣
呢？如果這樣，便是多神論的解決方式。希
克藉由所謂的成本——利益分析發現，這種
處理問題的方式的優點是，認識到基督徒崇
拜的天父、穆斯林崇拜的阿拉、猶太教徒崇
拜的上主等狀況；其缺點是，不同宗教傳統
所崇拜的人格實體都自稱是唯一的創造之
主、萬源之原，多神論使得每一位人格實體
（即至上神）從終極性地位退居次一級的地
位。這意味著我們若堅持人格實體的終極性
的同時又能容納被體驗到的人格實體之多元
性，這要求有一個比單一的多神論更複雜的
結構。

希克的研究表明，哲學問題並不產生於
經驗本身，形而上學問題的提出與解決超乎
宗教實踐生活之關懷。他強調被體驗到的神
性人格在現象學上不是無限的，儘管表現人
類的有限經驗中都顯示出真正的終極實在。

根據宗教多元論假設，我們談到的上帝必定
基於某一宗教傳統的上帝如耶和華、上主、
天父、三位一體、阿拉、濕婆、毗濕努等，
我們所說的都是為人體驗到的人格的實體。
在描述不同的作為人格的實體時，希克提醒
我們要像帕斯卡爾那樣對哲人、學者的上帝
和亞伯拉罕、以撒、雅各的上帝作出區分。
在已發展的西方系統神學中，上帝在各方面
都被描述為無限的，這只是神學反思的產
物，並非人們的具體體驗。同樣，對待東方
宗教傳統也應如此。

四、沉默的上帝

　　被擴展了的康德的本體——現象之模式
是否也適合於非人格的絕對者？例如不二吠
檀多的梵、佛教傳統的涅槃、法身、空、真
如，以及中國宗教中的道等。這正是希克進

一步要考察的問題。

答案無非有兩種，要麼統一起來，認爲都是對實體的不同知覺形式，要麼兩者選其一，各自對壘，「公說公有理，婆說婆有理」。傳統宗教哲學家、神學家可能會互不相讓，作出非此即彼的選擇。很顯然，一神論傳統的哲學家、神學家傾向於堅持實體的人格性，而像佛教傳統則傾向於實體的非人格性，也有的試圖在兩者之間作出有差等的綜合，我們透過印度最有影響也最古老的經典《薄伽梵歌》就可以注意到實體的最終人格性，但也不否定像涅槃、梵的觀念，但在它那裏，涅槃之境、梵的境界只是進入和終極的人格實體之關係的一個中間環節。希克主張在兩者（人格與非人格）之間作出平等性的權衡。

希克之所以會作平等的權衡，其主要原因在於不管是人格神還是非人格的絕對者都有一個共同的效果。這個效果就體現在個體生存從自我中心向實體中心轉化這一共同的

救贖論結構中。這種生存的轉化從根本上講
就是擺脫焦慮的、有罪的自我中心性，獲得
一種內心的和平和喜樂，體驗到人類全部生
命的一己之愛。虔敬的猶太教徒、基督徒、
穆斯林、有神論的印度教徒或者淨土宗信
徒，可透過信仰使其觸及上主之手、薄伽梵
之手、最高的人格神之手、大慈大悲的佛之
手，從而經歷不同向度的拯救性轉換。思維
純一的不二吠檀多派信徒、上座部或禪宗的
佛教徒則堅持冥想之途，消解自我界限，也
經歷不同向度的相類似的解脫性轉化。希克
看到，儘管對實體的人格與非人格之理解是
不同的，但在這些不同的生活形式和自我理
解的系統中所經歷的轉化肯定相同。正是這
一共同的救贖論結構使希克相信人格神和非
人格的絕對者是同一終極實在之臨在的不同
表現形式。

很明顯，有神論傳統反對這一假設，同
樣非有神論傳統也反對這一假設。每一個單
一神論傳統都會認為自己的神是獨一的創造

主和宇宙之主，非有神論傳統也同樣相信非
人格的絕對者是獨一的終極基礎。換言之，
非人格的實體同人格的實體都在其各自的信
仰世界被視爲終極的實體本身。上一節可得
出這樣的結論：單一神論傳統的諸神都是人
格的，它們是由實體對人類意識的臨在和人
的意識共同構成的，反過來意識本身又被這
個星球上不同的有神論文化傳統所塑造。我
們可以把毗濕努、濕婆、上主、天父和阿拉
全都視爲一個在特定宗教生活之流中被體驗
和思想的實體之形式。那麼這一觀點是否也
適用於非有神論傳統，希克對此堅信不疑，
他藉由分析作爲非人格的實體概念②如梵、
涅槃和空，雄辯地證明了這一點，從而使其
宗教多元論假設有了更廣的應用範圍，能相
對普遍地解釋人類宗教現象，顯示更強勁的
生命力。

㈠梵

　　根據不二吠檀多理論，實體是一，獨一
無二，而我們關於事件、人物多樣性的日常

經驗從最終的視野看都是由於無明而構成的
宇宙幻景。作為分離的自我就是這種幻景的
一部分。正是這一幻景使得我們的真實本性
與永恆的梵合一的至上意識阿特曼相分離。
希克引用商羯羅的一個比喻說，封閉在壇子
裏的空間看起來有一個分離的形狀與同一
性，但壇子一旦被打破所剩下的是始終存在
的東西——無限空間。同理，封閉的無明之牆
造就了分離的有限自我的幻景，但當牆變
薄，最後拆除之時，便認識到自我就是獨一
的實體——梵，它是永恆存在的。覺悟或解脫
的意思就是自我從封閉的幻覺狀態解放出
來，這過程也許世世代代、永無了斷。從無
明中解脫出來就像如夢初醒。儘管日常生
活，包括身體及其需要、家庭、政治、宗教
等都是真實的，但在最終覺悟的光照下，一
切便都隱退了。

解脫就如從夢境走向現實，這是一個解
釋性比喻，但希克認為這已接近於不二論思
想的核心。他在《曼都克亞奧義書》中發現

的一個簡明卻極爲重要的類比：最高的實體
就是無德之梵（nirguna Brahman），它超
越了人類的思想與想像之域，不包含有任何
幻覺成份；較低一點的（因爲包含某些幻覺
成份）便是有德之梵（saguna Brahman）
，被視爲自在天，是人格的創造主和宇宙的
主宰；再低一點的（因爲包含大量幻覺）就
是人類思想與想像的內在世界；最後是全然
幻覺的處在感官世界和軀體生命的世界。在
此，希克提醒我們，這裏所指的幻覺不是指
它們不存在，而是指它們缺乏獨立性，不是
唯一眞實的即永恆的梵的意識的一部分。

　　希克指出，與這些宇宙層面相關的是人
類認知的相關層面。最低的是普通的覺醒意
識或知覺的自我（vaisvanra）；比它高一
級的是作夢狀態或想像的自我（taijasa），
它具有某種程度的自由；第三層次是深層的
無夢的睡眠狀態或概念的自我（prajna即般
若）。般若在宇宙層面上和有德之梵相對
應。《曼都克亞奧義書》稱有德之梵爲「萬

物之主，萬物的認知者，內在的主宰，萬源
之原，是事物的始與末。」 (Mandukya Up.)
。過了這一層就是最後一層面，即圖利亞
(turiya)，它與絕對的實體自身——無德
之梵有關。圖利亞作爲人類的一種狀態就是
自我的實現，有限自我在其中和宇宙自我合
而爲一；作爲一種宇宙狀態，這是終極的無
德之梵，「不可見、不可說、不可捉摸、沒
有任何獨特的標誌、不可思議、不可命名。」
(同上，7) 在這種狀態下，人和神聖者合
一，而眞理可用《奧義書》中的格言表述
之：tat tvam asi（「那就是你」）（《昌
寶給亞奧義書》Ⅵ：9：4）。

　　希克肯定，《奧義書》是聖典而非普通
論著。它們反映了大量印度宗教經驗與思
想，而忽略敎義的統一的，甚至可見的一致
性。因此，對這些材料旣可作非有神論的解
釋（如商羯羅及其學派），也可作有神論的
解釋（如摩陀婆、羅摩努闍及其學派）。甚
至在不二論的解釋中也明顯存在有差異的思

想之流。在圖利亞狀態，心智一方面和無德
之梵合而爲一，但另一方面梵又不斷地被稱
爲satchitananda（眞・智・樂）。換言之，
梵不僅具有存在、本體的屬性，而且具有意
識的屬性和喜悅的品性。希克印證商羯羅描
述一個解脫的靈魂與梵合一的經驗時，可以
發現這是一種和梵合一的作爲satchitanan-
da的經驗而非一種不可言喻的缺乏一切屬
性的實在之經驗。

　　在信奉不二吠檀多哲學的印度教傳統
中，透過和阿特曼的精神實在的內在合一而
體驗到實在，這時我們也開始意識到超越於
分離自我的存在。在這一神秘經驗中，我們
發現了眞正本性——satchitananda。希克根
據宗教多元論假設，把satchitananda的超人
格實在（在解脫中體驗到）和自在天的人格
實在（在奉愛bhakti中體驗到）都視爲實體
本身對我們人類意識的不同表現。在這一理
解模式中，實體本身等同於無德之梵，而sat-
chitananda和自在天則被視爲無德之梵的形

式（有德之梵）。

(二)涅槃

在宗教家族中，定位佛教並不容易，因為它宗派繁多。一個極端是，有的佛教徒僅僅把自己看作從事一種古老又能得到良好的精神素質訓練的活動，人們可從中受益。他們認為佛教採取了純粹自然主義或人文主義的形式，對於超乎心理學事實的宇宙本性不感興趣。傳統佛教徒相信業報、再生、菩薩、三身、阿修羅和天神世界，這些都充滿了想像的色彩。希克告訴我們，這種非神話化的佛教迎合了西方許多人，他們既反對基督教的肯定性教條，也反對科學傾向的世俗主義的否定性教條。代表人物是唐・卡皮特（Don Cupitt）。但這種方式的理解只是佛教的一個小支流。

希克的多元論假設如何和更核心的佛教傳統思想建立關係呢？他訴諸於涅槃和空的概念。涅槃是上座部佛教的基本概念，但在大乘佛教中繼續得到發展。空是大乘佛教的

基本概念，但也出現在上座部佛教中。在終
極意義上，涅槃和空是相同的，都指獨一的
終極實在，這個終極實在也可稱爲法身、永
恆的佛性。希克的觀點是，上座部佛教和大
乘佛教作爲可能的經驗模式是實體顯明給人
類意識的方式。

　　佛教發端於我們的苦難處境。但「全部
生活都是苦難」並不意味著人類經驗的每一
時刻都充滿痛苦與煩惱，而是指人類作爲一
個整體現象不可避免地屈從於苦 (dukk-
ha)。儘管你此時此刻並不處於苦難狀態，
但其他人也許正處於苦難之中。生老病死是
人生不盡之苦。佛教告訴我們人生之苦的緣
由，其中最根本的是由自我中心主義和由此
帶來的知覺模式造成的。佛陀所宣稱的解脫
就是從這種苦難狀態轉向涅槃之境。在佛教
徒的想像中，這種轉化就是從此岸走向彼
岸。這是整個生命進程的解脫。一旦解脫，
一個人也就成了阿羅漢或菩薩，他／她不再
生活在六道輪迴之中，而是處於不可言喩的

妙樂存在狀態，佛陀稱之爲涅槃。

　　巴利文的nibbana（涅槃），意指「吹熄」，因而，在詞源學上涅槃就是簡單的中止，許多有關它的解釋都是和這種解釋相關。希克告訴我們，歐洲人對佛教涅槃的理解常常是一個人藉由停止生存而擺脫生活中的苦難，可是，幾乎沒有佛教徒會承認這一點。他在《中部經典》（Majjhima Nikaya, 1：140）中發現佛陀本人也否定這種虛無主義的解釋。

　　但涅槃無疑寓含某種東西的中止、毀滅，如色欲、貪欲的消除。說得更確切些，涅槃就是產生自我關注的情緒與意識的自我中心性的中止，拔除了與自我中心性相對立的富有欺騙性的「我執」，在今生達到涅槃（《增支部經典》Anguttara Nikaya, Ⅳ：353）。希克認爲，這裏所談的涅槃顯然不是自我的毀滅，而是自我的解脫，進入一種無我的生命境界。

　　因而，喬達摩本人覺悟後繼續生活在這

個世界上，直到最後涅槃——般涅槃（par-
inirvana）。在他的生命中，始終不被麻醉，
保持清醒，似乎已生活在一種寧靜和喜樂狀
態裡，正如《長部經典》（Digha Nikaya
1：196）所說的，這樣的條件一旦具備，就獲
得了喜樂、幸福與和平，並處於持續的清醒
和自主狀態。然而，他並未解除感官束縛，
而是生活在一種主動的慈悲之中。

　　希克認為，涅槃在主要佛教傳統中並不
是被簡單地視為非自我中心性的心理狀態，
而是認識根本的和永恆的實體的途徑。因
而，涅槃作為一種心理狀態在人類生活中構
成了終極實在的內在性。他在巴利文經典中
找到不少材料支持他的這一理解。

　　希克指出，涅槃概念或法身的概念作為
真諦（paramartha－satya），即終極實在
超乎了大部分佛教傳統。從他的多元論假設
出發，涅槃就是體驗到不可言喻的無我性，
是無限、永恆的，人們可以透過佛陀的教導，
透過靈性修持證得。從宗教的觀點看，這一

佛教經驗的眞實性已經顯明。他認爲，大解
脫不是輕易可獲得的，它要求有一個非常艱
辛和持久的自我訓練過程，也即遵循八正
道。他又指出，在佛陀時代，成千上萬的人
在他的影響下獲得正果，儘管這一轉變生命
的運動衰落了（大約在八世紀，佛教在印度
失去了主導地位，印度教占了絕對優勢），
但誰也不能否認大解脫的可能性始終作爲一
種啓發性的挑戰與應許存在著。

㈢空

　　當佛教北傳中國西藏、漢地、朝鮮和日
本時，它就從主要否定世界轉變成主要肯定
世界的文化。在新的語境裏，法的活力從底
層上升到表層。北傳佛教或大乘佛教在理論
上的一個大發展是肯定輪迴與涅槃同一。從
自我封閉的觀點體驗，人類的生存就是生死
輪迴；如果從無我的觀點體驗，相同的人類
日常生存就是涅槃。在覺悟中，自我與世界
耦合爲一體。

　　大乘佛教的這一思想確實把佛教思想推

向了頂峰。禪不是哲學而是一種體驗，但那些未曾體驗到的人無法去描述，也不會明白他人對禪的描述。禪也是相當悖論性的，它教導人們，人的心智在其日常功能中實在模糊。心智由於不斷地區分、比較和評論，從它自己的觀念中看到的是被扭曲的世界。我們每一個人都處在自己世界的中心，去意識事物、人和事件，並作出善或惡、歡迎或不歡迎、感興趣或不感興趣、吉祥或不吉祥的回應。不斷錯誤地知覺的結果構成一個被封閉的幻象王國。因此，我們要擺脫假我的世界，去把握眞實。在這裏，希克認爲大乘諸派的關鍵術語是空（sunyata），我們也許可以把它譯作英文的emptiness，但sunyata又是充滿的。說實體是空，指的是世界本身並不具有人類的區分、一切個體的觀點和一切有我中心的評估。人們通常把諸事萬物的相待性視爲空，即世界的永恆眞相。英文中emptiness可能只適用於sunyata的一種涵義，即現象界的相待性。不澄清sunyata的本

意而隨意運用emptiness可能會誤導。希克引
證阿部正雄的話加以闡明Sunyata的本意：
「我想，可能以這樣的方式理解『萬物皆
空』更爲貼切，『萬物如其所是』。一棵松
樹就是一棵松樹；一株竹就是一株竹；一條
狗就是一條狗；一隻貓就是一隻貓；你就是
你；我就是我；她就是她。任何東西都不同
於其它東西。儘管任何事物、任何人都保持
其獨一性和特殊性，但它們並非衝突的，因
爲它們沒有自我本性。這就是萬物皆空的涵
義。」③

希克認爲，關於禪，從宗敎多元論假設
出發，實體是世界過程中內在固有的，且時
時刻刻都可以爲自我純化的心意所體驗到。
希克本人大概沒有體驗過參禪獲得的境界，
但他引用他人的見解說，禪包含全然地接受
這個無始無終的世界，並以此去體驗世界，
發現世界的新向度──「妙有」，生活充滿
純粹的喜樂。以這種方式來看待世界，無物
常存，萬事萬物都是一個緣起（pratitya

samutpada）的大海洋。它不存在於自身之
中，自身也不存在，這就是空。希克認爲緣
起和空的概念都指向終極實在，本質上和涅
槃、般若、法身的佛教概念相一致。但他強
調，這一實在不是一種實在，它絕不是一件
東西或一個對象或一個實體或一種本質，而
超越任何對象的，以我們的眼光看是無相的
或者「空無」的，因爲它並不能爲人類思想
具體化。

　　空被有的禪宗哲學家視爲單一神論中的
上帝，不二吠檀多哲學中的梵。正如阿部正
雄所說的，在大乘佛教中，空替代了上帝。
鈴木大拙則說：「實在透過衆多名字而被認
知。基督徒說是上帝；印度教徒說是梵或阿
特曼；中國人說是眞、道或天；佛教徒說是
菩提、法、佛、般若、眞如等。」④阿部正
雄甚至超乎了鈴氏的見解，認爲空就是實體
本身，一切被體驗到的人格神與非人格的絕
對者可能都是空的表現。

　　希克從他的多元論假設出發，不同意上

述看法，因爲阿部正雄所談的空已超乎一切
概念。但根據阿部正雄的見解，對空的領域
不是依賴於概念，而是神秘經驗，它超乎主
客之分，達到本眞界了。因此，希克有必要
進一步分析神秘經驗。

　　大乘佛教主張，在覺悟的經驗中，人類
心智最終超越自我性，並因此分享到與終極
實在合一的直覺感。結果，人的心智超越了
二元結構，實體（空）和我們對般若的統一
性意識合而爲一。

　　這種合一性的知識被認爲獨一的、最終
的，根本上不同於一切其它知識。但希克以
其廣博的知識談到不二吠檀多所宣稱的完全
不同的內容。它告訴我們，在眞正的存在中，
我們都與普通的阿特曼一致，而阿特曼自身
與梵是合一的。人們藉由長期的靈修成長歷
程（這也許需要經過若干世），克服自我
性，以便能獲得解脫，進入和梵──永恆實體
的統一性意識之中。

　　希克認爲，旣然佛教把實體直接理解爲

空，在具體存在的變化形式中是內在固有
的，那麼把實體直接理解為梵，對空而言這
是完全不同的實體，故為幻象。同理，大乘
佛教中涅槃與輪迴同一，這對不二吠檀多而
言也是另一種實體，故為幻象。由於我們從
不同的宗教傳統中獲得對立的實體觀，因此
可斷定它們是不相容的。希克試圖超越這種
不相容狀態，認為實體本身是「妙有」，超
越了二元性的存在。它不是佛教中的空、不
二吠檀多中的梵，也不是猶太教、基督教、
伊斯蘭教、印度教奉愛神秘派的人格神。

　　希克認為，禪宗、不二論和有神論的合
一性神秘主義主張都是和認識論相抵觸的，
因為他堅持一切認知性意識都是一種根據概
念與意義模式「體驗為」的模式，在宗教意
識層面上，這些概念與模式在不同文化和歷
史時期都會相應改變。合一性的神秘主義似
乎處於這一認識論模式之外，是對實體本身
的直覺，而不受人類思想模式這一特定認知
透鏡的影響。希克說，如果宗教史只包括一

種統一的神祕主義傳統，僅僅提供一種顯然
是無傳遞中介的意識，那麼說神祕認知就是
對實體本身的認識是正確的。但問題在於，
我們遇到多種形式的神祕主義，它的認知顯
然受到各自文化傳統的影響，事實上每一種
神祕主義認知方式都依賴於各自的文化傳
統。所以，他認為他的多元論假設面對神祕
主義認知問題的挑戰，依然能夠成立。

註釋

①本節主要參考拙文〈簡論約翰的宗教多元論哲
　學〉，載《杭州大學學報》（杭州），1996年第
　5期。

②筆者對道教中道的研究可參閱拙文〈簡論《老
　子》一書對終極實在的回應〉，載《哲學研
　究》（北京），1994年第9期。

③Masao Abe，《禪與西方世界》，London 1985，
　第167頁。

④D. T. Suzuki，《佛教的實在概念》，載F.
　Frank編《佛眼》，NY. 1982，第91頁。

第五章
眞理問題

一、殊途同歸？

　　哲學家雅士培（Karl Jaspers）對宗教分期有一個軸心前後之說，他把公元前800年到公元前200年視爲軸心時期，之前爲軸心前時期，之後爲軸心後時期，根據這種劃分方式，軸心前宗教只能指原始宗教；而希克把原始的、文字出現之前的石器時代宗教、現在已滅絕的宗教以及古代近東、埃及、希臘、羅馬、印度和中國的部落宗教都視爲軸心前宗教，顯然，希克接受了雅士培的軸心概念，但並不在嚴格的時間意義上接受這種劃分的。

　　軸心前宗教的特點可以從心理學和社會學兩方面考察，就是試圖在擁有意義的神話框架裏保持生活的安定，尤其是生存和繁殖，以及最後生命的基本實現。宗教在一個

共同的世界觀指導下起著維護部落和人民統
一的社會功能，同時也有維持其成員對部落
之忠誠的社會功能。希克指出了軸心前宗敎
潛在的關注是保護性的，這是對混亂的、無
意義的和對社會結合之瓦解的抵制。宗敎活
動使得脆弱的人類生活保持相對平穩。

　　從軸心前時期的宗敎到軸心後時期的宗
敎，中間有一個過渡時期，稱之爲軸心時期。
軸心前很長一段時期，人類每天過著同樣的
生活，所有的變化緩慢得使人不易察覺，一
代人成長，一代人死去，人們的思維和知覺
方式沒有質的變化。但從大約公元前800年到
公元前200年，情況出現了很大的變化，相繼
出現了一批重要人物，藉著他們的洞見，人
類的意識漸漸擴大、發展了，形成了一場從
原始宗敎向拯救或解脫宗敎轉化的運動。這
樣的運動並沒有固定的模式，而是在一個流
動的媒介內的運動，隨著歲月的流逝才逐漸
形成了大規模的運動。

　　軸心時期延續若干世紀之久。在中國，

這正是老子、孔子時代，也就是後人所謂的
道教、儒教的開端。在印度，喬達摩佛、耆
那教創始人大雄在世，宣道講法，《奧義
書》形成，《薄伽梵歌》於這一時期末形
成。在波斯，索羅亞斯德把現存的啓示前宗
教轉化成索羅亞斯德教（或稱祆教、拜火
教），這一運動至今流傳在相對較小的印度
祆教徒地區，但其末世論觀念無疑影響了猶
太教，並透過猶太教影響了基督教，也可能
影響了伊斯蘭教。在以色列，偉大的希伯來
先知們如阿摩司、何西阿、耶利米、以賽亞、
以西結等在世，《舊約》大部分聖典已完
成。在希臘，有畢達哥拉斯、蘇格拉底、柏
拉圖和亞里斯多德。這一時期，個體從他們
社會的共同精神中產生出自我意識。他們能
夠傾聽和回應與他們自己的選擇和潛能相關
的訊息。宗教的價值不再屬於與群體整體的
同一，而是開始採取個體向超越者開放的形
式。這時期部落宗教與民族宗教開始退去，
世界宗教開始形成。

　　如前所述，從軸心前宗敎向軸心後宗敎
轉化的軸心時期，其宗敎已呈現出救贖論的
結構（soteriological structure），與軸心前
宗敎形成了鮮明的強烈對比。軸心後時期的
宗敎，如印度宗敎（印度敎、佛敎、耆那敎）
和閃族宗敎（猶太敎、基督敎和伊斯蘭敎）
等都有明顯的救贖論結論。它們都承認，人
類日常生存是不完美的，不能令人滿意的和
有缺陷的。對猶太人來說，我們具有內在的
罪的傾向，我們生活的世界充滿邪惡了的力
量，以致生活常常不穩定。對基督徒而言，
我們生活在與上帝、他人的異化關係之中，
這是由於我們祖先的原罪而帶來的「墮落」
生存。對穆斯林來說，我們軟弱無能，生活
在ghafala（忘卻主）的生活之中。對印度敎
徒、耆那敎徒和現代錫克敎徒來說，人類日
常的狀況充滿無明之云，生生死死都由於業
報而陷入輪迴之中。對佛敎徒來說，四諦中
的第一諦便是苦。

　　希克指出，儘管軸心前的各種宗敎對苦

難、不安全和道德有一種現實的意識，但並不關心永恆歸宿的問題；到了軸心後時期的宗教，已用術語表達現實的種種狀況，萌發出超越苦難生活、走向永恆的盼望。例如基督教談論救贖與永生；猶太教談論上帝國的降臨；伊斯蘭教談論審判與天堂；印度教談論解脫；佛教談論覺悟與涅槃。這些不同的無限好的狀態概念之實質就是對終極實在和價值的整體意識。猶太教徒眼中的「亞伯拉罕、以撒和雅各」的上帝以及他們世世代代的上帝；基督教的三位一體的父子靈；伊斯蘭教最仁慈的主阿拉；印度教的梵、天上的意識；小乘佛教的不可毀滅的涅槃之實在；大乘佛教中的真如；或充滿奇異之存在的實相等等，所有這些關於終極者、神、實體的形式都使得我們眼下的生存轉化成為可能，而不論這種轉化採取何種形式。總之，所有軸心後的宗教信仰都表現出救贖論的傾向。

軸心後時期的宗教傳統證實了人類日常生活的悲慘性、不真實性，瑣碎性和墮落，

肯定了終極實在及其整體的價值，並向人們展現了不同的救贖論結構、道路或空間，在其中，可以獲得無限好的生存。人們可以把自我獻身於基督，視其爲創造主和救主；也可以全身心順從於阿拉即伊斯蘭 (islam)；既可以服從於《托拉》；也可以透過自我超越，克服自我中心的欲望，從而獲得解脫或涅槃等等。希克認爲它們基本主題大致相同，但在不同的概念系統中擁有各種形式：即個體生存從自我中心到實在中心的漸變或突變，這個中心可能是上帝、梵、法、空或道等，爲此，他大膽提出：拯救／解脫的一般性概念（不管在偉大的宗教傳統中採取何種形式），就是人類生存從自我中心 (self-centrality)，轉向實在中心 (reality-centrality)。這反映了軸心後時期宗教的共同的救贖論結構，儘管在表達上各不相同。

二、倫理原則

希克認為，愛和慈悲是對實體的一種合適回應，這是因為所有偉大傳統都如此教導我們，視其為對實體的真實回應，成為一種廣泛普遍的倫理標準。希克在《宗教之解釋》中列舉了印度教傳統、佛教傳統、猶太教、基督教和伊斯蘭教傳統的大量經典性材料來表明這一點。

印度教傳統認為，普遍之愛的基礎在於一切生命所隱含的統一性之中。人們儘管不能普遍接受印度教的信仰系統，不會同時用人格與非人格語言言說終極實在——梵。但是，差異性並不影響生命的一體性，不影響由梵所帶來的對他人的「慈悲」。不二吠檀多的觀念認為，所有自我最終同一，而毗濕努的崇拜者則認為所有自我都是唯一神聖存

在——阿特曼的個體部分。這兩種觀點都展示了人類的一體性：「一個萬物的普遍的內在自我演化為多種形式的分離自我」（《卡塔奧義書》II：2：10）《薄伽梵歌》中說：「眞正的瑜伽師在衆生中看到我，也在我中看到衆生。自覺者的確處處見到我，處處見到同一個至尊主。」（VI：29），《依沙奧義書》中說，「見山河大地都在自性之中，自性也在宇宙萬有裏，他將無所憎恨。」

　　(6)　《摩訶婆羅達》中說，「一個人應視萬物與己無異。」（12：29）大雄甘地相信上帝的絕對一體性、人類的絕對一體性。另外我們還可以在《薄伽梵歌》中見到對一個良善者的描述：「他無所畏懼；淨化身心；培養靈性知識；樂善好施；自控自律；奉行祭祀；研習《韋陀經》；修持苦行；簡樸坦率；非暴力；說眞話；遠離嗔怒；怡然棄絕；淸靜平和；不求全責備；不吹毛求疵；憐憫衆生；不貪；儒雅持重；謙遜和藹；堅定不移；生機勃勃；寬恕大度；堅忍不拔；

潔淨不污；遠離嫉妒；不慕虛榮。」（ⅩⅥ：1～3）

　　類似的思想同樣反映在猶太教經典中：「收割的時候，你們不可割田邊的穀物，也不可回頭去撿掉落下來的穗子。你們不可摘光葡萄園的葡萄，也不可撿掉落在地上的葡萄。你們要把這些留給窮人和外僑。我是上主——你們的上帝。不可偷竊，不可欺詐；不可撒謊。要不是決心嚴守誓約，你們就不可指著我的名字發誓，侮辱了我的名。我是上主——你們的上帝。你們不可剝削同胞，也不可搶奪他的東西。不可延遲付工人的工錢，即使一夜也不可。不可咒罵聾子，也不可阻礙盲人的路，使他跌倒。你們要敬畏我；我是上主——你們的上帝。你們不可歪曲正義；不可偏護窮人，也不可討好有權勢的人。你們要以公正評斷同胞。不可到處搬弄是非；不可危害同胞的性命。我是上主。你們不可懷恨兄弟；要坦白指責你同胞的錯誤，免得自己陷入罪過。不可報仇；也不可

埋怨本國的同胞。要愛自己的鄰人，像愛自己一樣。我是上主。」（《利未記》19：9－18）

對實體的意識——猶太人把實體理解爲亞伯拉罕的上帝——使得人類能夠接受一個深刻的道德要求，這一事實強烈地反映在先知所傳達的訊息中：「你們遭殃了！你們制訂不公正的法律來壓迫我的子民，你們用這方法剝奪窮人的權利，使他們得不到公平；你們用這方法侵占寡婦和孤兒的產業。」（《以賽亞書》10：1－2）對猶太人來說，認識神聖的「一」就是依據上帝的律法生活，也就是《彌迦書》六章八節所說的，「伸張正義，實行不變的愛，謙卑地跟我們的上帝同行。」

菩薩的概念可以說是佛教道德觀念的集中體現。菩薩就是一個已獲得涅槃者，因他／她出於無緣的慈悲，要普渡所有苦難者之後才肯最終涅槃，即無餘涅槃。菩薩的這種宏願完全是爲了拯救他人的自我犧牲。在

日常生活中，菩薩概念已深入人心。

同樣，愛的觀念是基督教的核心。當一位律法師問耶穌最大的誡命是什麼時，耶穌說：「『你要以全部的心志、情感和理智愛主——你的上帝』。這是第一條最重要的誡命。第二條也一樣重要：『你要愛鄰人，像愛自己一樣。』」（《馬太福音》22：37～39）並且耶穌也認為這是《托拉》的核心思想，他又說：「摩西全部的法律和先知的教訓都是以這兩條誡命為根據的。」（《馬太福音》22：40）耶穌所宣揚的「福」多數是倫理內容：「謙和的人多麼有福啊；他們要承受上帝所應許的產業！渴望實行上帝旨意的人多麼有福啊；上帝要充分地滿足他們！以仁慈待人的人多麼有福啊；上帝要以仁慈待他們！促進和平的人多麼有福啊；上帝要稱他們為兒女！」（《馬太福音》5：5～7，9）希克認為登山寶訓教導的是人格性的愛的誡命及其非暴力的意義：「你們曾聽見有這樣教訓說：『以眼還眼，以牙還牙。』

但是我告訴你們，不向欺負你們的人報復。
有人打你的右臉，連左臉也讓他打吧！有人
拉你上法庭，要你的內衣，連外衣也給他
吧！假如有人強迫你替他背行李走一里路，
跟他走兩里吧！有人向你要東西，就給他；
有人向你借些什麼，就借給他。你們又聽見
這樣的教訓說：『愛你的朋友，恨你的仇
敵。』但是，我告訴你們，要愛你們的仇敵，
並且爲迫害你們的人禱告。這樣，你們才可
以做天父的兒女。因爲，天父使太陽照好人，
也同樣照壞人；降雨給行善的，也給作惡
的。假如你們只愛那些愛你們的人，上帝又
何必獎賞你們呢？就連稅棍也會這樣做的。
假如你們只向朋友打招呼，那又有什麼了不
起呢？就連異教徒也會這樣做的。你們要完
全，正像你們的天父是完全的。」（《馬太
福音》5：38～48)

　　耶穌愛的誡命在聖約翰和聖保羅的書信
中激起深深的迴響。約翰說：「親愛的朋友
們，我們要彼此相愛，因爲愛是從上帝來的。

那有愛的，是上帝的兒女，也認識上帝。那沒有愛的，不認識上帝，因為上帝是愛。……如果有人說『我愛上帝』卻恨他的弟兄，他就是撒謊；他既然不愛那看得見的弟兄，怎麼能愛那看不見的上帝呢？』」（《約翰一書》4：7～8，20）保羅說：「至於聖靈所結的果子，就是：博愛、喜樂、和平、忍耐、仁慈、良善、忠信、溫柔、節制。這些事是沒有任何法律會加以禁止的。」（《加拉太書》5：22～23）而最著名的要算《哥林多前書》了：「我即使會講人間各種話，甚至於天使的話，要是沒有愛，我的話就像吵鬧的鑼和響亮的鈸一樣。我即使有講道的才能，有各種知識能夠洞悉各種奧秘，甚至有堅強的信心能夠移山倒海，要是沒有愛，我所做的仍然沒有益處。愛是堅忍的，仁慈的；有愛就不嫉妒，不自誇，不驕傲，不做魯莽的事，不自私，不輕易動怒，不記住別人的過錯，不喜歡不義，只喜愛真理。愛能包容一切，對一切有信心，對一切有盼望，

能忍受一切。愛是永恆。……信心、盼望以及愛這三樣是永存的，而其中最重要的是愛。」（13：1～8，13）

　　我們也可以在伊斯蘭教聖典中見到同樣的訊息：「你的主曾下令說：你們應當只崇拜他，應當孝敬父母。如果他們中的一人或者兩人在你的堂上達到老邁，那麼，你不要對他倆說：『呸！』不要喝斥他倆，你應當對他倆說有禮貌的話。你應當必恭必敬地服侍他倆，你應當說：『我的主啊！求祢憐憫他倆，就像我年幼時他倆養育我那樣。』……你應當把親戚、貧民、旅客所應得的周濟分給他們，你不要揮霍……你們不要因為怕貧窮而殺害自己的兒女，我供給他們和你們。殺害他們確是大罪。你們不要接近私通，因為私通確是下流的事，這行徑眞惡劣！……你們不要接近孤兒的財產，除非依照最優良的方式，撫養他到成年。你們應當履行諾言；諾言確是要被審問的事。當你們賣糧的時候，應當量足份量，你們應當使用公平

的秤稱貨物，這是善事，是結局最優的。……
你不要驕傲自滿地在大地上行走，你絕不能
把大地踏穿，絕不能與山比高。」（《可蘭
經》17：23～24、26、31～35、37）

　　但上述資料論及的像愛、慈悲、爲了他
人而自我犧牲等彷彿是可望不可及的一種超
然的倫理觀念，在現實生活中難以尋覓。希
克認爲不是的，它們都產生於我們的人性結
構，取決於個體的內在修持以及由修持所帶
來的人格品性；另一是個體在現實中的表
現。它們在宗教傳統中得到提煉、加強和昇
華。舉例說，如果喬達摩說的一套，做的又
是一套，口裏宣揚八正道，而行動卻相反，
那麼他就不可能轉動法輪，爲衆生造福。又
如，如果穆罕默德在其生活中不遵從眞主阿
拉，不能與他敎導的倫理要求相一致，那麼
他也不可能成爲阿拉的眞正先知。因此，像
愛、慈悲、爲了他人而自我犧牲等一些基本
倫理觀念成了認識實體的眞正的中介。

　　上節提到的共同的救贖論結構，也即個

人的救贖論原則，本身無法評價，必須依賴
別的標準。在偉大的宗教傳統中，正是那些
基本的倫理觀念爲宗教領域的道德判斷提供
了廣泛的標準。希克認爲，在某種意義上，
也即在我們能夠直接用這些倫理標準去衡量
善行惡行的意義上，倫理標準的運用相對容
易，如納粹主義顯然是惡的。但在另一種意
義上，衡量並不是件容易的事。任何一個大
的宗教——文化傳統都不能自以爲是，目中
無人，在倫理上確立自己的優先性。希克提
醒我們，評價優劣的理由根據實體難以找
到。如果有人說基督教文明在道德上優越於
伊斯蘭教、印度教和佛教文明，那麼我們很
快就會發現基督教在其歷史長河中表現出的
種種醜惡。我們如何看待西方在地球資源開
發方面表現出來的無情貪婪以及對自然環境
破壞的不負責任呢？又如何對比利用基督教
福音來使歐洲和南美不公正的社會制度合法
化，使南北大規模的種族剝削正當化和永久
化，來強調印度教和佛教的「修來世」對社

會、經濟和技術進步方面造成的消極影響
呢？如何對比基督教西方非正義的階級制度
和大量蔓延的種族主義，來強調印度教非正
義的種性制度呢？如何對比使用槍炮建立龐
大的基督教帝國，來強調使用刀劍建立龐大
的穆斯林、印度教和佛教帝國？如何對比以
十字軍東征而知名的前基督徒對中東的入
侵，來強調十四世紀穆斯林對歐洲的入侵？
如何對比基督教的歐洲和北美對「女巫」施
行同樣駭人聽聞的火刑，來強調印度寡婦自
焚的陋習？如何對比遍及許多時代，尤其是
本世紀的基督徒對猶太人的迫害，來強調某
些東方和中東國家生活中野蠻的方面呢？所
以，這四大歷史線索都顯示了各大宗教傳統
自身美德與罪惡的獨特混合，它們在某些方
面有良好的紀錄，而在另外一些方面卻也有
不光彩的紀錄。簡單地判明某傳統好與不好
都是不適當的。

　　前面論及對宗教傳統本身的倫理評價的
不可能，而現代科學的興起更增添了倫理評

估的困難。由於西方科學的發展，使得社會
迅速擺脫原始的技術狀態，擺脫了前現代時
期落後的社會狀況。它不僅使得西方和北半
球相對富裕，而且影響了智力和倫理的趨
勢。我們可在現存的社會結構中看到個體愛
和互助的道德行爲，而且在政治運動中改變
著社會結構；還可看到人類自由的擴展表現
在性別平等的認知中，也表現在自由教育、
政府的民主形式、維護和促進生命的科學應
用之中……當然，受惠於科學進步的人主要
是基督徒，因而，基督教三百年來已和經濟
繁榮、教育普及、智力活動以及政治文化活
躍聯結在一起。但是，歷史的分析瓦解了科
學源於基督教的傳統觀念。現代科學並不是
基督教的產物，而是希臘理性精神的展示。
基督教不能把現代科學所帶來的成就與利益
據爲己有。相反，基督教在其歷史中是科學
的敵人，而不是朋友，否則就不會有哥白尼、
布魯諾、達爾文、赫胥黎等事件了。事實上，
是自律的不斷發展的科學迫使基督教進行自

我反思，不得不吸取科學思想，從根本上向
科學作出讓步。

　　現代自由道德觀也對傳統倫理觀提出了
挑戰。它認爲各大宗教傳統的確在傳達基本
的價值觀念，但像耶穌登山寶訓中愛的誡命
本身並不能結束奴隸制，也不能消除剝削。
相反，基督教倫理原則在一千多年的運用
（或誤用）中產生了等級社會，並使其合法
化。在這種等級社會中，權力非常狹隘地集
中在上帝的代言人──國王、教皇身上。「富
人在城堡，窮人在門外」的社會處境被神聖
地建立起來；而女人完全從屬於男人；個體
思想與行動的自由受到嚴格限制，一有極端
傾向便受到懲罰。同樣，這個自由道德時代
也產生了不同於傳統伊斯蘭教、印度教、佛
教、原始宗教等文化的一面。這時代廣泛出
現了一種非文化的環境和個人「悲觀性」，
例如高離婚率、單親家屬的流行、高流產率、
高自殺率以及眾多的吸毒者。人們的物質生
活水準越來越高，但精神生活日漸貧乏，人

們缺乏深層的意義感，自暴自棄、得過且過已蔚然成風，追求單純的感性生活、感性消費，無節制地使用世界上的各種資源。更嚴重的是，由現代科技帶來的核武競爭、核武威脅，人類的生命幾乎維繫在幾顆按鈕上了。整個世界充滿了恐懼和虛無的意識。

在當代，各種問題都趨向全球化，污染問題、能源問題、生態問題、人口問題、犯罪問題、貧困問題都成了世界性問題，我們傳統的倫理標準在這種語境裏寸步難行。

但這些都不妨礙愛／慈悲作為廣義的倫理標準。儘管對整個宗教傳統本身難以評估，也不可能對各種宗教傳統本身加以排列等次，但我們對具體的宗教現象可以評估，愛／慈悲就是最基本的也是核心的倫理標準，原因是，愛／慈悲是對實體的眞實回應。這一看法有必要進一步加以澄清。

希克承認，我們不能直接把共同的倫理觀念運用於實體概念，因為實體概念超出了一切人類的思想範疇。當我們把實體稱作軸

心後時期宗教最後的樂觀主義基石時，或者
視之為現實與價值的統一體，這是從我們人
的立場說的。實體之所以是我們一切價值的
根基，這是因為它是我們的存在與本性的基
礎；也是因為在某種意義上是善的，成了向
我們開放的無限好的可能性之基礎。實體之
所以為善，並非它自己為善，乃是和我們人
類最深層的問題有關。另一方面，和人類意
識的各種文化模式有關的被塑造的實體的表
現形式原則上是可以用倫理標準加以評判
的。

　　希克指出，非人格的存體──梵、道、法
身、空──並不具備倫理性質，因而不能說在
道德上是善的或惡的。任何道德評估都必須
集中在人類行為的結果上。實體把自身表現
在那些專注於梵或法身或道的人身上，表現
出一種人類統一和普遍的仁慈。但大量印度
教徒、佛教徒並沒有在其行為中表現出博
愛，也沒有遠離社會結構性邪惡。在個體層
面，也存在問題，自我中心主義往往也表現

出來。例如一名婦女可能會求佛讓他兒子起死回生，當佛滿足了她，使其避免了一次面對死亡的這種普遍和不可避免的機會，可以視爲消極的和不仁慈的。這種情況的複雜性，說明了宗教傳統中存在與共同倫理觀點相衝突的上帝觀念。原始人的上帝（嚴格說應稱作神祇）往往是充滿血腥的強力者，要求人們用人和動物獻祭，也有的神爲了一個部落的利害而以損害其它部落的利益爲代價，這些顯然是不道德的。宗教傳統中形成的種種特定教義，在特定傳統和次傳統之中和共同的倫理觀念是不相容的。例如印度教輪迴教義和相近的佛教再生教義都受到批評，因爲它們都隱含了那些下層社會、經濟條件差的人不是遭受一種不義而是前世作孽的報應。

可見，單純的倫理標準不能評估宗教現象，這不僅因爲不同宗教之間有相互衝突的倫理標準，而且，即使有共同的倫理標準也將面臨許多十分複雜的問題。希克認爲，宗

教現象的評估最終是救贖論的，當它和倫理標準結合起來時，效果會更好。但它們本質上並不能提供一個完整的系統性評估。還需要有一個多元論的假設。當救贖論標準和倫理標準處於多元論假設之中時，似乎就構成了一個相對有效又方便的標準參照系，從而能更全面、系統、合理地評估宗教現象。這個參照系被哲學家視爲後設理論（the meta－theory）（編按：大陸學界普遍稱之爲「元理論」）。這個理論中，實體概念高於所有人格神和非人格的絕對者的概念。宗教的批判實在論作爲該後設理論的一個重要組成部分，成爲分析宗教現象的知識論手段，共同的救贖論結構（道路或空間）則成爲衡量宗教現象的最後標準，而倫理標準仍舊是一個重要內容。

下面，我們將考察宗教眞理和眞理衝突的問題，看看它們在多元論假設中如何理解和被消解。

三、尋求統一

　　不同宗教或教派都各自持有一套教理、
教義。當每種宗教各行其道在自己的範圍內
發揮功能時，人們一般不會去反問他們所信
奉的教理、教義是否具有眞理性。但一旦兩
種或多種宗教之間產生接觸、碰撞時，很多
人會有意或無意地否定其它宗教的教理、教
義，從而抬高自己的宗教。但思想敏銳的人
自然會反省自己所持的教理、教義的眞理性
問題。宗教作爲社會的存在實體，一旦不同
宗教之間發生接觸、碰撞時，人們不得不切
切實實地去處理不同宗教之間的關係，考察
各自提出的相互抵觸的眞理性要求。在這方
面，不少神學家和宗教哲學家已做了大量非
常有益的工作，如克里斯蒂安（W.A. Chris-
tian）、史密斯（W.C. Smith）、斯馬特

（N. Smart）、赫勃斯韋特（B. Hebbleth-waite）等。應該說，希克做得最爲成功①。

面對不同宗教的教理、教義之間的差異與衝突，一不小心就會陷入「剪不斷，理還亂」的窘迫境況，變得不知所措。爲使問題清晰明朗有條理，希克首先區分了宗教眞理衝突的三個層次。

第一，關於歷史信念。不同宗教都有一些具體的歷史信念。有些歷史信念是與其它宗教無關的，例如佛教徒相信佛陀從印度飛往斯里蘭卡又回到印度；穆斯林相信穆罕默德能在麥加和耶路撒冷之間自由自在地飛行；猶太教徒相信，由於約書亞的要求，日月停止過一天；基督徒相信耶穌死後三日肉體升天等等，這些都記載在各自的經典裏，互不相關。但有些歷史信念，不同宗教有不同的記載，甚至針鋒相對、互不妥協，即使兩種宗教有很深的淵源關係，區別反而更加顯明。如基督徒相信耶穌死在十字架上，而《可蘭經》的教諭卻不同：「他們沒有殺死

他，也沒有把他釘死在十字架上，……他們
對這種事，毫無認識，不過根據猜想罷了。
他們沒能確實地殺死他。」　（4：156），而阿
赫默底亞教派的信徒則相信耶穌在十字架上
受難後倖存下來，老死之後葬於喀什米爾。
又如《托拉》上記載亞伯拉罕在摩利亞山幾
乎已把他的兒子以撒獻祭了，《可蘭經》卻
說，幾乎被獻祭的不是以撒而是另一個孩子
以實瑪利。

　　在同一宗教傳統內部也同樣存在歷史信
念的差異，例如基督徒相信耶穌沒有人性的
父親，但也有一些不相信。不少基督徒相信
耶穌的復活包括肉身，但是有一些不相信。
又如在伊斯蘭教中，先知穆罕默德是否任命
阿里爲他的繼承人，這是一個一直以來懸而
未決的問題，其差異性植根於什葉派和遜尼
派的分裂。

　　上述歷史信念，內容各異，要讓一名教
徒去相信其它的歷史信念是否可能？作爲一
個理性的人，我們都會相信客觀事實，上述

的歷史信念既然作為已有的歷史，那麼就可以透過歷史證據來解決。但這些事件離我們實在太遙遠，幾乎找不到任何可靠的證據可以證明其中任何一條歷史信念。因此，爭執無疑還會繼續下去。

第二，關於宗教教義中哲學、神學的形而上學信念。它們主要涉及人類命運、物質宇宙與終極實在的關係；涉及天堂、地獄、煉獄、天使和魔鬼等。例如宇宙是從虛無中創造的還是自有永有的？宇宙是有限的還是無限的？人死後的命運如何？是輪迴，還是進天堂或地獄？

上述問題，不同宗教都有了自己的答案。印度傳統和閃族傳統有著明顯的區別。前者相信世界不是被創造的，而是處於自然緣起的進程之中，無始無終，堅持時間的永恆循環，反對線性時間觀念，並且相信再生和化身觀念。後者相信世界從虛無中創造出來，有始也有終，不相信再生和化身的觀念。例如印度教相信主在不同時期有不同的化

身。基督教相信上帝道成肉身只是體現在耶
穌身上。

　　不同宗教各執己見，我們是否能作出是
非定論？這問題實在難以回答，我們沒有足
夠的理由堅持某一宗教的形而上學信念，而
反對其它宗教的形而上學信念，對那些根本
對立的信念只能乾瞪眼。

　　第三，關於終極實在的信念。不同宗教
都有自己崇拜或冥想的終極對象，如猶太教
的上主、基督教的天父、伊斯蘭教的眞主阿
拉，印度教的濕婆、毗濕努、克里希那、梵，
佛教的法、空、佛，道教的道，儒教的天等。
它們有人格的，也有非人格的。人格的神雖
然各不相同但也許比較容易達成一致，人們
可視閃族傳統的上主、天父上帝和眞主阿拉
爲同一位神，這種看法可在《聖經》和《可
蘭經》中找到些許印證。但仍不能斷言它們
爲同一位神，不然猶太教、基督教和伊斯蘭
教之間就不會有那麼多的隔閡。非人格的絕
對者之間差異也是顯然的，道不等於空、法、

涅槃，反之亦然。至於人格的至上者與非人格的絕對者之間的不同更不用說了。

　　當人們面對這些不同的信念時，會有怎樣的反映呢？這正是希克接下來要分析的。他以基督教爲基礎，把不同宗教面對相互抵觸的教理、教義所表現的態度分爲兩類：一是排外主義；二是包容主義。這部分的思想在第三章第一節已作具體論述，這裏不再詳論。

　　總括說來，宗教排外主義目中無人，只肯定自己的宗教眞理，並以自己的標準去看待其它宗教。在宗教排外主義者看來，談論宗教眞理衝突簡直可笑之極，因爲眞理是唯一的，何來衝突？在排外主義態度支配下的宗教對話絕不可能，也無必要。不管其它宗教在何種層面上牽涉教理、教義都將被一棍子打死。顯然，這於己於人都有害。

　　迫於各個宗教共同體存在的事實，更迫於現代生活的要求，堅持排外主義可謂舉步維艱，人們於是開始轉向宗教包容主義。包

容主義在許多方面採取包容態度，可把不同
宗教的人格神視爲同一位，忽略它們各自的
特殊性而歸入自己的敎理系統。在尋求共同
眞理的道路上，把衆宗教的終極眞理都歸於
一個宗教，如基督敎、佛敎或印度敎。這種
包容主義忽視有神論和非有神論之間，以及
有神論之間的差別。但上主、天父、眞主、
克里希那或毗濕努怎麼會是無差別的同一
位？它們中每一位怎麼可能被其它宗教傳統
所接受？人格神和非人格神的絕對者怎麼可
能統一起來？即使在形而上學信念層面，包
容主義也無法協調它們。譬如，閃族傳統的
線性時間觀和印度傳統的循環時間觀怎麼統
一？閃族傳統主張世界從虛無中創造出來，
怎麼和印度傳統世界緣起的觀念協調？基督
敎上帝道成肉身說又如何與印度傳統的化身
說統一？甚至在歷史信念層面，包容主義也
有心無力。比如，基督敎中耶穌死在十字架
上，而伊斯蘭敎卻不相信這件事。又如什葉
派和遜尼派在穆罕默德是否任命阿里爲他的

繼承人這問題上存在分歧。

　　總而言之，在宗教排外主義者看來，宗教眞理不會衝突；在包容主義者看來，衝突是存在的，故需要對話，但其骨子裏依然是一種排外主義，只是帶著慈祥的笑容，實質上有過之而無不及。因此，宗教對話不可能有眞正成效。因此人們盼望一種新的宗教態度和理論來解決這一問題。

　　爲此，希克自身也從宗教包容主義走向了宗教多元主義。其深刻性，他稱之爲基督教神學中哥白尼式的革命，即從基督中心轉向上帝中心。這一理論性轉變爲有神論宗教的對話打開了可能的通道，但依然存在與非有神論宗教對話的困難。他借助康德的知識論，進一步提出了以實體爲中心的宗教多元主義。

　　正如前已論述的，希克的宗教多元主義是建立在一系列假設基礎之上的：㈠把宗教理解爲人類對終極實在的回應；㈡軸心後時期的宗教都具有一個共同的救贖論結構，即

個體生存從自我中心向實體中心轉變；㈢每
一種宗教對實體的回應都受到其自身文化條
件的限制，是對實體的歪曲卻也是眞實的回
應。

　　這幾個假設確立了希克的宗教多元主義
的理論體系。第一個假設劃清了宗教與非宗
教的界線。肯定了宗教的眞實性，而不像無
神論或宗教反實在論那樣，把神或絕對者看
作人類精神觀念的投射。第二個假設肯定了
每一個宗教在救贖論上的有效性，否定了排
外主義和包容主義的宗教態度與立場，克服
自我優越感，沒有高貴、低劣之分。這兩個
假設都爲宗教多元並列的客觀合理性作辯
護。第三個假設解釋了爲什麼在這個小小的
星球上卻有這麼多具有巨大差異的宗教，正
是不同宗教基本上是在各自的地理和文化環
境中獨自發展，從而形成獨特的認知模式和
表現方法。

　　希克把人類對終極實在的回應方式歸爲
兩類：一是人格的回應方式，如猶太教中的

上主、基督教中的天父上帝、伊斯蘭教中的
真主阿拉等；另一是非人格的回應方式，如
不二一元論中的梵、佛教中的涅槃、法身、
空和道教中的道等②。

這裏需要說明幾個問題：第一，希克為
什麼要設定一個終極實在？根據其宗教多元
論假設，終極實在是人類一切文化語言所不
能表述的。既然不可表述，怎麼可以作為人
格神和非人格神的絕對者的基礎？他認為後
一點可透過康德物自體和現象之間的關係來
理解，至於前者，如果不設定它，宗教也就
被視為人類精神觀念的投射；一旦設定了
它，也就肯定了宗教根本上的真實性。第二，
既然終極實在是唯一的，又為什麼會有這麼
多不同的宗教回應方式呢？簡單地談論文化
等因素的制約是遠遠不夠的。為此，希克發
展了維根斯坦的認知理論，用「體驗為」替
代了「看作」。從知識論上講，人們對終極
實在的把握是一個「體驗為」的過程，不同
文化傳統中的人都無意識地運用隱含在宗教

中的認知模式，希克喻之爲透鏡，不同宗教
都擁有各自的透鏡，從而形成了五彩繽紛的
宗教世界。

　　現在就考察希克如何運用宗教多元主義
來處理相互抵觸的宗教眞理性要求。

　　第一，關於終極實在的信念。由於多元
主義假設肯定了人類對終極實在的不同認知
模式，同時接受人格的實體和非人格的實體
已毫無障礙。希克舉了維根斯坦在《哲學研
究》中提到的鴨兔圖的例子。他說，如果一
種文化中的人熟知鴨子，卻不知道兔子，那
麼當他們看這幅鴨兔圖時就只能看出鴨子，
反之亦然。一種宗教也可能是這樣，由於只
有一種認知模式，就不可能以另一種模式看
待其它宗教。而持宗教多元主義觀點，看待
各種宗教的信念應是互補的，而不是對立矛
盾的，就像物理學中的波粒二象性。它們在
救贖論上具有同等有效性。如果人格神或非
人格神的絕對者作爲人們崇拜或冥想對象，
能促進人類從自我中心轉向實體中心，無疑

它們都反映了實體的一個真實的方面，都是有效的。但這些人們崇拜或冥想的絕對者不是實體本身，用康德的術語說只是現象，但卻是把我們引向終極實在的法門。

第二，關於形而上學信念。希克把它們（無記）分為兩組，一組是還沒有卻有待解決的問題；另一組是永恆的問題。前者如宇宙的有限性和無限性問題。當和尚馬倫卡雅普塔（Malunkyaputta）詢問佛陀世界是否永恆時，佛陀始終未作回答，以致馬和尚以離開佛陀並還俗來要挾，佛陀說他遠離了佛敎的本意、生命的歸宿——解脫。表面上，馬和尚的問題是合理的，人們也有可能獲得正確的答案，但獲得這一答案又怎樣？這和解脫未必有直接關係，若非要追根究底，則會失去生命的方向。而像再生理論也是未能予以回答的問題。印度敎徒和佛敎徒（少數例外）都承認再生敎義，基督徒、猶太敎徒和穆斯林（少數例外）則拒斥之。希克認為對再生的信仰有好幾種形式，但其中任何一種

形式事實上是否爲眞都極難確定。

　　像佛陀所談的關於眞如死後狀態的問題
則屬於不能解決的問題，不管人類用什麼概
念都無法表達。但佛陀並不爲這些問題所束
縛，他只是以解脫爲中心，不爲各類未予以
解決和不能解決的問題所干擾。希克認爲，
我們可以從佛陀那裏獲得具有普遍性的啓
發，不同宗敎之間對一些形而上學問題的爭
論最終是不可能有答案的，相反，無休止的
爭論卻影響了宗敎本身所追求的拯救或解脫
之宗旨。宗敎多元主義在處理宗敎之間關於
形而上學的敎理、敎義問題上堅持宗敎工具
主義，不去追求於拯救或解脫無關的知識。
不妨把它們視爲將人類引向拯救或解脫的工
具。

　　應該指出的是，有的敎理、敎義具有明
顯排外主義色彩，成爲宗敎之間和諧相處的
障礙，如傳統基督敎的道成肉身敎義。希克
對基督論的長期研究表明，我們不能從字面
上理解道成肉身，而應作神話式的理解。在

《宗教之解釋》（第19章第4節）一書中可
以看到希克把他的神話學理論運用於宗敎思
想，其中包括形而上學信念和人格神或非人
格神的絕對者概念。在我看來，神話學思想、
無記思想和法門思想是希克處理相互抵觸的
宗敎眞理性要求的最有特色的地方。

　　第三，關於歷史信念。前面談到，歷史
信念問題原則上可以由歷史證據來確證，但
它們離現實太遙遠，又沒有重複性，依賴證
據已不太可能。很大程度上只能依賴於各宗
敎之間的寬容了③。不過有些歷史信念與形
而上學信念之間沒有很大差異。例如佛陀從
印度飛往斯里蘭卡又回到印度，希克認爲這
不一定表明佛陀眞的飛往斯里蘭卡，可能只
是表明了佛敎早已影響斯里蘭卡這一歷史訊
息。從這個角度看，可以說許多歷史信念與
神話無異。因此，在許多情況下，我們不可
以單純從字面上理解歷史信念。

　　希克主要從宗敎多元主義假設出發去解
決相互抵觸的宗敎眞理性要求，基本上釐清

了宗敎間眞理衝突的層次並提出了相應的解
決方法。當他將多元主義假設和神話學思想
結合時，明顯突出了宗敎眞理主要不在於它
的事實性，而在於它在救贖論上的有效性。
希克從佛陀那裏汲取了對待未予以解決和不
能解決問題的方法以及法門的思想，表明了
他在處理宗敎問題上的工具主義傾向。可以
肯定希克所關注的眞理並不是事實性眞理或
知識論意義上的眞理，而是救贖論眞理。一
個事實、神話或敎義理論只要能有效地把人
的生存從自我中心引向實體中心，就是有效
的。至於這個引向者本身未必是一個知識論
意義上的眞理，而是工具。

　　以救贖論眞理取代知識論眞理這會不會
是宗敎對話中的一條基本原則？如果宗敎對
話沒有一個共同的歸宿（拯救或解脫），對
話就失去眞正的根基；如果宗敎對話不以救
贖論眞理爲旨趣，而拘泥於可能永無定論的
知識論眞理，宗敎對話也不會有眞正的成
效。因此，救贖論眞理取代知識論眞理應該

能夠成爲一條宗教對話的準則。

　　希克承認自己是一個問題神學家和宗敎
哲學家，他不斷診斷宗敎（尤其基督敎）中
的問題，並著手處理它們。他已爲我們這個
多元宗敎並存的時代提出了一個新的典範，
他對待相互抵觸的宗敎眞理性要求的方式無
疑和舊有的宗敎傳統的典範不同，從歷史進
程看，他的處理方式似乎更爲合理。

註釋

①本節主要利用了拙文〈約翰·希克論相互抵觸
　的宗教眞理性要求〉（載《浙江學刊》浙江，
　1996年第5期）的材料。

②參見第四章第一節。

③關於宗教寬容，筆者倒建議讀者可看看洛克
　（John Locke）的《論宗教寬容》，吳雲貴譯，
　北京1982。不過洛克談的主要是基督教內的。

結語

　　宗教要表現超凡脫俗，但現實的宗教是否眞的「出淤泥而不染」？嫉妒、憤恨、紛爭等等是否遠離了它？救世、救人是否眞的成爲它的本意？可以說，現實嘲笑了它。不管怎麼遮掩、如何辯解，自高自大、自以爲是或多或少、或輕或重成爲各大宗教傳統的通病，並因此給社會帶來災難。正如希克所說的，每一個宗教傳統都有令人嚮往的灑滿希望之光的救贖之路，但在實踐中，宗教爲我們的社會又帶來什麼好處？善的、充滿靈性的不是宗教，而是存在於每一個宗教傳統中具體的人或共同體。一個人的得救、解脫或涅槃不是來之於宗教，而是來自更本眞、更直接的不可言喻的奧秘。

　　希克的思想可謂充滿高度的自我批判精神。表面看起來，他的理論前後一貫，但事實上他的思想一直不斷地變化發展著，比如「上帝」一詞在其不同階段具有不同的內涵，這種變化到了八〇年代末才緩慢地停頓下來。如今他頭腦中的「上帝」只是他所設

定的實在之現象。他考察了傳統神學、宗教
哲學對上帝存在的證明，結論是所有這些努
力都是失敗的，上帝不是證明的對象，但可
以成爲體驗的對象。末世論證實的目的不是
證明上帝的存在事實，也沒有人能勝任這一
不可企及的任務，而是要證明相信上帝存在
的信念之合理性。他向我們表明：一個在宗
教上根據生活經驗相信超越者之實在的人與
一個相信物理世界之實在的人同樣合理。

　　希克雄心勃勃，他要打破不同宗教傳統
間長期以來的隔閡，並想治癒其千古不化的
痼疾，爲此他提供了一個溝通的前提。根據
他的多元論假設，不同宗教傳統的最高範疇
如上主、天父、眞主阿拉、毗濕努、克里希
那、道、法、空、眞如、梵、涅槃等都是終
極神性實在的表現形式，因爲他發現了宗教
傳統普遍存在的：「人的生存從自我中心轉
向實在中心」的這一共同的救贖論結構。如
果不同宗教能以這一共同的救贖論眞理爲準
則，根本的衝突何從生起？不同宗教傳統形

成的生活方式、神話、儀式、教理教義等等
差異又何足掛齒？大家都處在平等的層面
上，沒有高低貴劣之分，和諧也就此產生。

　　可以說，希克爲我們提供了一個新的視
野，開拓出一條通向對話的和平之路，向這
個時代獻上了一份珍貴的禮物。但他仍舊馬
不停蹄，不斷創造著新思想，以其特有的方
式改造著世界，儘管很多人不以爲然。

參考書目

中文部分

1.約翰・希克著，何光滬譯，《宗教哲學》，
　北京：三聯書店　1989。

2.張志剛著，《走向神聖：現代宗教學的問
　題與方法》，北京：人民出版社　1995。

3.何光滬著，《多元的上帝觀：20世紀西方
　宗教學概覽》，貴州；貴州人民出版社
　1991。

4.大衛・格里芬編，馬季方譯，《後現代科
　學：科學魅力的再現》，北京：中央編譯
　出版社　1995。

英文部分

1. Hick, John H. *Arguments for the Existence of God*, London: Macmillan, 1970.

2. ——*Disputed Questions in Theology and the Philosophy of Religion*, London: Macmillan 1993.

3. ——*The Existence of God*, New York: Macmillan 1964.

4. ——*Evil and the God of Love*, London: Macmillan 1966.

5. ——*Faith and Knowledge*, 2nd edn, Ithaca: Cornell University Press 1967.

6. ——*God Has Many Names: Britain's New Religious Pluralism*, London: Macmillan 1980.

7. ——*God Has Many Names*, Philadelphia: Westminster Press 1982.

8. ——*God and the Universe of Faiths*,

London: Macmillan 1973.

9.——*An Interpretation of Religion,* London: Macmillan 1989.

10.——*The Metaphor of God Incarnate: Christology in a Pluralistic Age,* London: SCM press 1993.

11.——*The Rainbow of Faiths,* London. SCM Press 1995.

12.——*Problems of Religious Pluralism,* London: Macmillan 1985.

13.——etc. *Why Believe in God?* London: SCM Press 1983.

14.——etc. ed. *Three Faith——One God: A Jewish, Christian, Muslim Encounter,* NY: State University of New York Press 1989.

這是揚智文化事業成立近十年來最具強勢性的書

《胡雪巖傳奇〔上〕— 異軍突起》
《胡雪巖傳奇〔中〕— 縱橫金權》
《胡雪巖傳奇〔下〕— 紅頂寶典》 徐星平著

三本不分售 定價 500 元 特價 399 元

另有名人推薦，為這一套書推波助瀾，在此特別重申致謝之意：

台灣大學教授 張國龍博士
彰化師範大學教授 張火燦博士
名專欄作家 孟樊先生
三采建設總經理 黃培源先生
台灣大學政治系教授 李炳南博士

所謂——

人事有代謝，往來成古今。

俗諺有云：「蓋棺論定」，歷史會為古今名人下一定論，然而胡雪巖一生的傳奇性色彩 — 他的：崛起於人寰、錢莊王國、紅紛佳人（十二金釵）、胡慶餘堂雪國藥號、官商關係、軍火崢嶸乃至於最後的官場覺迷；都使得他毀譽參半而難以評說：

胡雪巖的靈氣與風骨——

　　胡雪巖少年家貧，讀書甚少，均在實事實物中廣泛地於「無字書」中求得學問，並在風口浪尖上展現其人生的價值。

胡雪巖的民族氣節——

　　胡雪巖是在帝國主義和封建勢力雙重壓迫下成長起來的富商巨賈，長期沉浮於陳窳與生財、民族與侵略、保守與洋務、善良與醜惡的漩渦之中，表現他的民族正氣和風骨。

胡雪巖的經營理念——

　　21世紀是龍的世紀，更是國際企業的世紀，我們在表揚胡雪巖精神的同時不妨了解他的經營理念與管理方式：「做人」在現在叫做人際關係；「做事」在現在叫做工作積效；胡雪巖的成功印證了一個有效的管理是必須人際關係與工作積效並重的；而這本書所極具的參考價值便在於此。

　　胡雪巖傳奇般的身世，萬花筒般的生平，常在風口浪尖上展現其人生價值、在商戰中表現其民族氣節、其傑出的才智和多變的家世，是人們寫不完道不盡的話題。

希克　　　　　　　　　　　　當代大師系列 8

作　　者／林　曦

編輯委員／李英明　孟樊　王寧　龍協濤　楊大春

出 版 者／生智文化事業有限公司

登 記 證／局版臺業字第677號

發 行 人／林智堅

副總編輯／葉忠賢

責任編輯／賴筱彌

執行編輯／范維君

地　　址／台北市文山區溪洲街67號地下樓

電　　話／886-2-366-0309　　886-2-366-0313

傳　　眞／886-2-366-0310

印　　刷／國利印製有限公司

初版一刷／1997年5月

　ISBN　／957-8637-28-4

定　　價／新台幣150元

總 代 理／揚智文化事業股份有限公司

地　　址／台北市新生南路三段88號5樓之六

電　　話／886-2-3660309

傳　　眞／886-2-3660310

本書如有缺頁、破損、裝訂錯誤，請寄回更換。

國家圖書館出版品預行編目資料

希克 = John Hick / 林曦著. -- 初版 --
臺北市：生智，1997【民 86】
面，公分. -- 〔當代大師系列：8 〕
參考書目：面
ISBN 957-8637-28-4〔平裝〕

1. 希克〔Hick, John 〕- 學術思想- 哲學

144.79   86000386